DIOS ESTÁ DISPONIBLE

HAROLD GUERRA
PRÓLOGO POR MARCOS WITT

DIOS ESTÁ DISPONIBLE

Él está cerca de ti y puede cambiar tu historia

Publicado por Fade Group
The Woodlands, TX 77385

DIOS ESTÁ DISPONIBLE
Él está cerca de ti y puede cambiar tu historia.
© 2023 por Harold Guerra
www.haroldguerra.com

Primera edición: 2023

Todos los derechos reservados. Ninguna porción ni parte de esta obra puede ser reproducida, ni guardada en un sistema de almacenamiento de información, ni transmitida en ninguna forma por ningún medio (electrónico, mecánico, de fotocopias, grabación, etc.) sin el permiso previo de los editores.

Edición inicial: Natalia Interlandi, 2022.
Edición final y corrección de estilo: Nicolás Duarte, 2023.
Diseño y diagramación: Agencia Zero, 2023.
www.agenciazero.co

El texto bíblico indicado con NTV ha sido tomado de la Santa Biblia, Nueva Traducción Viviente, © Tyndale House Foundation, 2010. Usado con permiso de Tyndale House Publishers, Inc., Carol Stream, IL 60188, Estados Unidos de América. Todos los derechos reservados.

Las citas bíblicas seguidas de nvi® son tomadas de la Santa Biblia, Nueva Versión Internacional®. Nvi® Propiedad literaria © 1999 por Bíblica, Inc.™ Usado con permiso. Reservados todos los derechos mundialmente.

Las citas bíblicas identificadas (RVR 1960) han sido tomadas de la Reina-Valera 1960™ © Sociedades Bíblicas en América Latina, 1960. Derechos renovados 1988, Sociedades Bíblicas Unidas.

Las citas bíblicas identificadas (RVR 95) han sido tomadas de la Reina-Valera 95® © Sociedades Bíblicas Unidas, 1995. Las citas de la Escritura marcadas (RVC) corresponden a la Santa Biblia Reina Valera Contemporánea® © Sociedades Bíblicas Unidas, 2009, 2011.

Texto bíblico tomado de La Santa Biblia, Reina Valera Revisada® RVR® Copyright © 2017 por HarperCollins Christian Publishing® Usado con permiso. Reservados todos los derechos en todo el mundo.

Las citas bíblicas identificadas (DHH) han sido tomadas de la Dios habla hoy® – Tercera edición © Sociedades Bíblicas Unidas 1966, 1970, 1979, 1983, 1996.

Escrituras tomadas de la Nueva Biblia de las Américas (NBLA), Copyright © 2005 por The Lockman Foundation. Usadas con permiso. www.NuevaBiblia.com"

Las citas bíblicas identificadas (TLA) han sido tomadas de la Traducción en lenguaje actual™ © Sociedades Bíblicas Unidas, 2002, 2004.

Escrituras tomadas de La Biblia de las Américas® (LBLA®), Copyright © 1986, 1995, 1997 por The Lockman Foundation. Usadas con permiso. www.LBLA.com".

ISBN: 979-8-218-05227-0
ISBN tapa dura: 979-8-218-14177-6

Impreso por Editorial Nomos S.A.
Impreso en Colombia / Printed in Colombia

Comentarios sobre Dios está disponible

Harold Guerra se ha convertido en una voz muy importante en la iglesia de habla hispana. Cuenta la historia de cómo superó las circunstancias difíciles y escaló montañas siempre con la ayuda de Dios. Este libro te abrirá los ojos al poder de la fe en el verdadero Dios.

Evan Craft

Hay mucha gente que vive convencida de que Dios está muy ocupado como para atenderlos. Gente convencida de que Dios está lejos de la realidad de sus problemas. Pero, este libro está diseñado para derribar esas mentiras y devolver la esperanza y la fe en un Dios amoroso y accesible; un Padre Celestial a quien sí le importa cada detalle de nuestras vidas.

Gracias Harold, por recordarnos a través de la historia de tu vida que Dios está más disponible de lo que pensamos.

Daniel Calveti

Definitivamente este libro es un hermoso regalo. Gracias amigo Harold Guerra por escribir y recordarnos esta promesa tan poderosa: *¡Dios está disponible!* Estoy convencido que miles de personas serán inspiradas a caminar y acercarse confiadamente a los pies de Jesús.

Junto a Harold hemos viajado por diferentes países sirviendo al Señor y a nuestra generación, llevando el mensaje del Evangelio, anunciando hoy más que nunca que ¡Dios está disponible!

Josué Morales (Miel San Marcos)

Conozco al Pastor Harold hace 15 años, lo considero uno de mis mejores amigos; y he podido ver con mis propios ojos la pasión que tiene para ganar almas y ayudar a las personas en situaciones difíciles, es algo genuino en él.

El valor que mi amigo Harold le da a cada persona que se le acerca hace que todos noten y sientan al Dios que siempre está disponible. Veo en él las ganas de imitar los pasos de Jesús amando a las personas.

En este libro él ha plasmado las experiencias que ha tenido con Dios a lo largo de su vida, verdades que transforman. Él quiere compartir contigo lo que ha cambiado su vida para que también tu vida sea transformada.

Para mí fue refrescante leer «Dios está disponible». Me hizo recordar que no importan las circunstancias que se nos presenten en la vida, por más fuertes y dolorosas, Dios estará disponible para extender sus brazos de amor e intervenir en nuestra situación para cambiar lo que hoy puede ser una maldición, y transformarlo en una bendición, porque Él está disponible para nosotros en todo tiempo.

Travy Joe

Contenido

Agradecimientos 9
Dedicatoria 13
Prólogo 15
Introducción 19

Capítulo 1
Dios está disponible para darte esperanza 23
Capítulo 2
Dios está disponible para darte un nuevo comienzo 43
Capítulo 3
Dios está disponible para darte una nueva identidad 65
Capítulo 4
Dios está disponible para darte seguridad a través de
sus promesas 91
Capítulo 5
Dios está disponible para darte la victoria 113
Capítulo 6
Dios está disponible para darte un nuevo futuro 137
Capítulo 7
Yo, ¿estoy disponible? 167

Agradecimientos

Agradezco a Dios por su misericordia y disponibilidad en mi vida, desde que yo era un niño hasta ahora que pastoreo la iglesia. Siempre he visto la mano de Dios a mi alcance, así como su favor y su gracia.

A Elena, por ser mi compañera de vida; por ser una gran inspiración para hacer las cosas con excelencia, con amor y pasión a Dios. Gracias por amarme tal y como soy y permitirme amarte a ti.

A mis hijos Marcos y Krystal. Son parte del sueño que siempre tuve en mi vida. Gracias por inspirarme a amar más a Dios y enseñarme lo que es el amor de padre, teniendo la oportunidad de conocerlos y amarlos. Gracias por animarme a ser mejor siempre.

A mis padres, a mi madre Clely y mi padre Edwin, por permitirme contar parte de nuestra historia que terminó con un Dios siendo glorificado y por ser ahora una pareja que admiro por cómo se aman y se cuidan entre ellos. Gracias por mostrarme el camino a Dios.

A mis hermanos, el pastor Edwin Guerra y mi hermana Kelly Guerra Steeper, por siempre creer en mis locuras y apoyar mis sueños. Ser su hermano me hace mejor.

Marcos y Miriam Witt, mis suegros, por amarme como su hijo; por creer en mi y por ser siempre un ejemplo de cómo servir y honrar a Dios. Gracias por amar a nuestra familia como lo hacen.

A los pastores Beto y Allison por creer conmigo en este sueño llamado Hosanna Woodlands, que incluye la visión de enseñarle a la gente que Dios está disponible. *Fueron de los primeros que se lanzaron al agua conmigo a nadar,* a contar la historia de que Dios está disponible para todos nosotros. Trabajar con ustedes es un privilegio.

A toda mi familia Canzion, gracias por siempre creer en todos los proyectos de Harold y de Harold y Elena.

También a todos los que me han ayudado en el proceso de escribir este libro en sus diferentes etapas. Natalia Interlandi, que fue una ayuda inmensa y me animó a escribir el libro. Nicolás Duarte, por tu ayuda en el proceso de edición, corrección de estilo y diagramación. Anna Ventura, gracias por toda tu ayuda.

A todos los pastores que depositaron algo en mi vida desde mi niñez; ellos saben quienes son, aquellos que me dijeron en algún momento que yo podía, que creyeron en mis locuras, que me permitieron ministrar en sus iglesias, que han sido mi escuela de la vida para llegar al punto donde hoy estoy. Pastores, iglesias, organizadores de eventos y conciertos que algún día se atrevieron a creer en Harold aun cuando muchos no creían. Ellos, todos, fueron parte de la escuela de la vida para mí. Gracias por creer en lo que se convirtió en una visión de decirle al mundo que ¡Dios está disponible!

A todo el staff de Hosanna Woodlands, gracias por convertirse en mi familia, en mis colaboradores y en la gente que me inspira en esta etapa de mi vida a ser mejor pastor y mejor amigo. Gracias por creer en nuestro liderazgo y lo que Dios puso en nosotros. *Sigamos difundiendo el mensaje que Dios puede y que Dios está disponible.*

A mi familia Hosanna y a todos aquellos que son parte de esta visión. Gracias por creer en la visión de esta casa, soñando grandes cosas junto a nosotros.

Dedicatoria

Quiero dedicar este libro a todos aquellos que se han sentido lejos de Dios y que como yo, muchas veces se han sentido indignos, no suficientes, no preparados. A aquellos que quieran conocer a un Dios accesible, que está a su favor, un Dios de misericordia.

También, a las personas que están en su mayor victoria o su mayor derrota, que necesitan saber que Dios está a su alcance y entender que la distancia entre esos dos puntos es la misma. En la montaña o en el desierto, Dios está a la misma distancia, siempre cerca.

Está dedicado a todos los soñadores, a toda la gente que quiere cambiar la historia de su vida y su familia así como Dios cambió la mía a través de conocerle más. A la gente que dice *ya no quiero que el legado de mi vida y mi familia siga siendo el mismo, sino que necesito acceso a algo más grande y más poderoso*, ¡eso significa Jesucristo!

Está dedicado a los que estaban destinados a ser una estadística más y se convirtieron en un servidor de Dios.

A los que nos hemos sentido en la gran necesidad de saber con certeza y seguridad que Dios puede hacer cosas increíbles con nosotros.

Está dedicado a ti que eres madre, para decirte que la oración de una madre puede mucho. A ti, ese padre que quizás ha cometido muchos errores y que piensa que ya no es posible, que ya no se puede, que está en un punto muy lejano; para recordarte que Dios sigue estando ahí, a tu disponibilidad y que tienes acceso a ese Dios que sí puede.

Está dedicado a las personas que se han sentido lejos y ahora quieren saber que Dios está cerca.

¡Está dedicado a ti!

Prólogo

Marcos Witt

Miriam y yo recibimos una llamada de Harold y Elena queriendo saber si podíamos recibirlos en casa. Tenían noticias que contarnos, nos dijeron. Por supuesto que les dijimos que vinieran tan pronto pudieran. Fue esa tarde que escuchamos, por primera vez, la visión acerca de una nueva congregación que se llamaría "Hosanna Woodlands". Recuerdo que todos sentíamos una "divina" emoción al respecto. Es decir, una seguridad que la visión había nacido en el corazón de Dios y que era el tiempo correcto para llevarla adelante.

Plantar una iglesia no es apto para débiles de corazón; es de valientes. Menos mal que esta es una de las cualidades que más caracteriza a mi hija Elena y su esposo, Harold. Tan pronto recibieron la bendición del liderazgo en la congregación donde servían, pusieron manos a la obra y no han mirado para atrás. Los dos son altamente disciplinados y muy trabajadores. Los frutos de su gran esfuerzo, mezclado con una profunda fe en Dios, se ven domingo tras domingo en las vidas de centenares de familias que asistimos a esta dinámica y fresca congregación llamada Hosanna Woodlands, en la cual Miriam y yo tenemos el honor de servir en la capacidad de "pastores mentores".

Aprendí mucho acerca de Harold leyendo este libro. Volví a confirmar la verdad que Dios usa guerreros valientes, como él, que perseveran a través de sus batallas, no solo logrando la victoria, sino aprovechando cada una de ellas para aprender los principios que los mantendrá firmes en la batalla durante toda su vida. Todos y cada uno de los que tenemos el honor de ser llamados por Dios para lograr algo para Él, hemos tenido que derrotar los distintos "Goliats" que se nos presentan. Solo a través de esas batallas lograremos las victorias. Al conocer a fondo algunas de las batallas que ganó mi yerno Harold, entendí cómo fue que desarrolló esa tenacidad audaz que posee. Sus experiencias, vinculadas a sus respectivas victorias, es lo que le dan la autoridad para enseñarnos que "Dios Está Disponible". Lo declara desde la plataforma de la experiencia personal y no la de algún conocimiento teórico.

En cada capítulo, el Pastor Harold nos enseña un principio sobre cómo echar mano de la disponibilidad de Dios para que nos ayude a obtener la victoria en nuestras propias batallas. Adicionalmente, con el fin de profundizar, ha incluido una sección de preguntas y reflexiones que debemos aprovechar. Le invito a que se tome el tiempo para hacer estos ejercicios. Estoy seguro que nos servirán para afianzar los principios firmemente en nuestro corazón.

Mi hija Elena compuso una canción que dice:

"Paso a Paso no me detendré
En cada momento en Ti confiaré
Pues, Tú fuiste y eres y siempre serás fiel"

En esa letra, cada uno de nosotros podemos resumir nuestra vida. Dios siempre ha sido fiel. Podemos confiar en Él. Podemos caminar seguros sabiendo que nos tiene de la mano. Nunca nos dejará o abandonará. Lo que Dios ha prometido en cada uno de nosotros, lo cumplirá. Por el otro lado, nos toca ser fieles también. Aprender a caminar con Dios es una disciplina que logramos a diario, lentamente pero con paso firme y seguro, sabiendo que Él está disponible para tomarnos de la mano y llevarnos a nuestra Tierra de Promesa. Así que no nos cansemos. Sigamos aprendiendo, sigamos caminando, sigamos mirando hacia arriba. Nuestra redención se aproxima.

En el último capítulo del libro el Pastor Harold nos invita a que estemos disponibles para Dios también. Porque Él tiene un plan hermoso para cada una de nuestras vidas y nos quiere usar. ¿Se dejará usar por Dios? Espero que sí.

Marcos Witt
The Woodlands, Tx.

Introducción

Alguna vez te has preguntado ¿será que Dios está a mi alcance? O ¿qué tan lejos o cerca puedo estar de Él? La respuesta a estas preguntas y lo que quiero compartir contigo me llegó como parte de la visión de Dios para mí, una visión que ha estado presente continuamente en mi vida. Entender que *Dios está disponible* fue darme cuenta que en medio de los lugares más oscuros o más llenos de luz por los que atravesé, siempre tuve acceso a un Dios de misericordia y de perdón. No era solo un Dios que toleraba a Harold, sino un Dios que amaba a Harold sin importar las circunstancias. Mirar hacia atrás, en medio de mi familia y poder decir ¡qué bueno es Dios! me llevó a darme cuenta que siempre ha estado a mi lado, que *Él siempre ha estado disponible*.

Mi deseo para ti es que puedas comprender que Dios no está solamente tolerándote como hijo, sino que Él es un Dios que siempre ha estado a tu alcance para amarte y hacerse a sí mismo disponible para tu vida. Anhelo que cada persona pueda comprender cómo Dios está a su alcance sin importar donde esté.

No estás tan lejos para no alcanzar a este Dios que nos ama tanto y nos ha perdonado tanto. Él no está aquí para juzgarnos y apuntar con su dedo para señalarnos, sino que está aquí para *hacerse disponible* como el Dios de amor, de perdón y restauración, el Dios que sigue creyendo en nosotros. Mi anhelo es que puedas entender que tiene mucho menos que ver con nosotros y mucho más que ver con quien es Dios para nosotros.

Cuando pienso en qué es estar disponible, lo defino como estar atento, que te importe. Para Elena, mi esposa, tengo que estar dispuesto a sacrificarme por ella; eso significa darle mi tiempo, darle acceso a mis recursos y a quien yo soy. Disponibilidad es dar acceso, dar entrada, a ti o uso de ti, así como Dios nos da acceso a Él mismo.

Acércate a este libro para descubrir quién es Dios y quién es para ti; que es más que un Dios del que has escuchado, o al Dios que has conocido hasta ahora, o al Dios que has rechazado como lo hice yo en algún momento de mi vida. Dale la oportunidad a Dios de conocerte y a ti de conocerle a Él.

Al leer estas páginas te invito a que lo hagas con un corazón abierto, disponible y dispuesto a ver que Dios siempre ha estado cerca de tu vida. Acércate con un corazón listo para ser parte de la historia de Dios y que Él pueda caminar contigo.

Mi oración es que encuentres a un Dios de amor y misericordia, un Dios que pelea por ti y que te ama realmente por quién eres y no por lo que puedes hacer para Él; un Dios que se atreve a usar a los quebrantados de corazón.

Oro que puedas ser restaurado a través del Dios que está disponible para ti y obra a tu favor.

CAPÍTULO UNO

Dios está disponible para darte esperanza

«Tenía mil preguntas para hacerle a Dios; pero cuando lo conocí todas salieron volando y ya no parecían importantes».

Christopher Morley

¿Sientes que Dios está lejos de tu vida o que no le importas?

Es impresionante notar a cuánta gente se le ha olvidado la disponibilidad de Dios. Por alguna razón, vivimos en un mundo que piensa que Dios es un Dios distante. Cuando tenemos un problema, una emergencia o fatalidad, llamamos al abuelo, a la tía, a nuestros amigos y hasta a la suegra; en otras palabras, a quien primero se nos viene a la mente, menos a Dios.

¿Por qué siempre Dios está al final, o ni siquiera aparece en nuestras llamadas de emergencia? Cuando pasamos por circunstancias difíciles acudimos a médicos, psicólogos, consejeros y profesionales. La última solución, cuando ya nada nos da resultado es: «Bueno, ahora sí lo único que nos queda es pedirle a Dios que nos ayude», o, «Este domingo vamos a la iglesia». ¿Alguna vez te ha pasado?

En mi vida, siempre he experimentado continua y permanentemente a un Dios disponible. Desde pequeño, tuve esta seguridad y crecí con esta firme convicción, a pesar de todas las dificultades que atravesamos como familia. Mi madre era cristiana, una mujer de oración. Ella nunca predicó delante de muchas personas, pero su vida hablaba a gritos del amor de Dios. Mi padre, por el contrario, luchó con el consumo de alcohol gran parte de su vida y eso hacía complicado la dinámica en el hogar.

En los momentos difíciles en la vida de mi padre, mi madre se sentaba junto a nosotros y nos decía: «Su papá es un buen hombre». ¡Imagínate lo que pasaba por mi mente en esos momentos! Era muy difícil para mí poder ver la bondad en el corazón de mi padre cuando mi escasa comprensión de la vida solo me permitía ver aquello que se contradecía con los principios que aprendía de mi madre.

Esto me hizo crecer en un hogar donde convivían dos realidades totalmente opuestas. Por un lado, mi madre me llevaba a la iglesia en donde me enseñaban que Dios era bueno y que hacía cosas buenas. Por otro lado, cuando regresábamos a casa, vivíamos una realidad llena de conflictos. Esta gran diferencia en cuanto al comportamiento de mis padres, no era en sí misma lo que creaba una fuerte confusión en mi mente y corazón. En realidad, la confusión se presentaba cuando yo trataba de comprender la manera en que mi madre entendía y enfrentaba los problemas, muy distinto de cómo yo los veía.

Tampoco comprendía por qué mi madre no se separaba de mi padre, cuando la mayoría de la gente le decía que ella no estaba obligada a permanecer en un matrimonio así. Pero ella siempre nos decía: «Gana más el que perdona que el que abandona», «Dios nos llama a perdonar», «Tu papá no *es* un hombre malo, él *está haciendo* algo malo». Recuerdo que un día no pude contener mi respuesta: «Mamá, ¡él sí que *es* un hombre malo!».

Había una fuerte discrepancia entre su visión y mi visión. Con mucha ternura y paciencia ella nuevamente me decía: «No nene, tu papá no *es* malo, él simplemente *está haciendo* algo que no es bueno». Definir la totalidad de una persona colocando una etiqueta sobre su cabeza, basándonos exclusivamente en una observación de un momento de su vida, no es justo para nadie y ese aprendizaje me acompañó por el resto de mi vida.

> Definir la totalidad de una persona colocando una etiqueta sobre su cabeza no es justo.

Muchas veces cuando mi padre se iba de la casa, pasaban meses en los cuales no sabíamos ni dónde estaba ni qué estaba pasando. En esos tiempos, no teníamos todo lo necesario para subsistir. A veces nos quedábamos sin luz y recuerdo que mi madre me pedía que fuera a avisar al dueño del lugar donde vivíamos que no íbamos a pagar la renta a tiempo. Aun con todo esto, cada domingo yo seguía escuchando: «Dios es bueno, Dios esto, Dios lo otro...» y a ella que nos decía: «Dios está con nosotros, somos bendecidos por Dios, etc.». Yo no podía hacer más que mirar a mi alrededor y pensar exactamente lo contrario.

Mi madre es una mujer de fe; ella siempre ha llamado las cosas que no son como si fuesen y nos enseñó este principio desde muy pequeños. A menudo nos pedía que oráramos por nuestro padre para que el Señor sanara su corazón y le diera fuerzas para superar la batalla personal que estaba atravesando. Siempre nos decía que declaráramos palabras de bendición sobre nuestro padre. Cuando él se dormía, ella nos hacía orar por él y nos pedía que dijéramos: «Mi papá es un buen hombre, yo perdono a mi papá». Es claro que yo no creía ninguna de las cosas que mi madre nos hacía repetir, pero le obedecía y repetía lo que me pedía que dijera.

Lo extraño de todo esto es que, a pesar del dolor y las dificultades que vivíamos, yo siempre sentí que Dios estaba a mi alcance. Aunque no lo entendía ni tampoco podía explicarlo, en medio de todos esos problemas mi madre me estaba enseñando que Dios estaba disponible para mí y que el destino de mi vida no estaba limitado a nuestra situación. Yo no entendía que ella nos estaba enseñando a perdonar y a entender que quienes éramos no dependía de lo que estábamos viviendo. Ella declaraba firmemente una y otra vez que la Palabra de Dios definía quiénes éramos a pesar de las circunstancias. Era Dios quien definía el propósito de nuestras vidas.

> Dios está disponible para tí y tu destino no está limitado a tu situación.

Años después, cierto día, mi madre compró unos boletos de avión y le dijo a mi padre: «Nos vamos para los Estados Unidos. Si quieres venir, aquí está el boleto; nosotros nos vamos para allá, vente con nosotros». Y así fue como emigramos a Norte América. Ella comenzó a trabajar limpiando casas. Casas grandes y hermosas en las que nosotros pensábamos que nunca íbamos a poder vivir. Pero al igual que con todo lo demás, cuando nos veía poner los ojos en las circunstancias y en los desafíos que encontrábamos, como el que quizás algún día pudiéramos comprar una casa, se sentaba junto a nosotros y nos decía: «Digan que es suyo. La Biblia dice: *"...todo lugar que pises con la planta de tus pies, será tuyo"*»[1]. Así que pisen fuerte que algún día tendremos una casa bonita como esta». Estas palabras llenas de fe quedaron grabadas en mi corazón y fueron semillas de esperanza que dieron fruto. Con los años, a pesar de todas las circunstancias adversas que habrían podido marcar mi vida negativamente para siempre, compramos nuestra primera casa en ese barrio donde mi madre nos llevaba a limpiar. Siempre bromeo con ella y le digo que todavía me debe dinero por todo el trabajo que realicé en las casas donde le ayudé a limpiar.

Cierto día, como muchos otros en los que estábamos limpiando junto a ella, tuve necesidad de usar el baño. Mi madre me dijo que tenía que ir al baño exterior porque a la dueña de la casa no le gustaba que usáramos los baños interiores de su vivienda. Afuera había una hermosa piscina, un parque y unos baños. Yo no entendía por qué no nos dejaban ir al baño de la casa. Esto me enojó mucho, entonces mi madre, con mucha paciencia me repetía: «Afuera hijo, nosotros vamos afuera». Recuerdo que salí y fui al baño exterior pero cuando regresé la encontré sentada en el baño llorando. Me hizo entrar, cerró la puerta, me arrodilló frente al excusado, me tomó de los hombros y me dijo: «Te voy a decir una cosa

---

[1] Deuteronomio 11:24 NTV.

Harold. En la vida, todos en algún momento limpiamos baños espirituales, emocionales o financieros. Usted y yo hoy lo hacemos en lo físico, pero no somos lo que hacemos. Repita conmigo hijo: "Nací para adorar", dígalo fuerte: "Nací para adorar"». Nunca me voy a olvidar de eso. «Harold, esto no es quienes somos. Aunque usted esté limpiando baños o hablando con presidentes, usted no deja de ser Harold Guerra. Hijo de Dios. Usted le pertenece a Dios».

Yo no tenía ni la menor idea de lo que esas palabras estaban haciendo dentro de mí. Por eso, aún hoy, no importa junto a quién esté, ni qué tarea me encuentre desempeñando, sé quién soy y para qué nací. Cada vez que subo a un avión para cantar en un concierto o para ir a predicar a algún lugar, llamo a mi madre para contarle hacia dónde voy y ella me dice: «Usted ya sabe...», y yo le respondo: «Sí madre, ya sé, ¡*nací para adorar*!». Y ella dulcemente me dice: «Bueno hijito, ¡que tenga buen viaje!».

¿Qué me estaba enseñando mi madre con todo lo que hacía? Cada vez que nos arrodillábamos para orar por mi padre, o mientras limpiábamos casas, ella me estaba enseñando que *Dios estaba disponible*. Nunca se trató de tener o no tener, o de sentir que yo era un buen hombre de oración, ni nada de eso. Ella me estaba demostrando que *Dios estaba cerca*, tan cerca que hasta podía tocarlo si quería. *Dios estaba a mi alcance, si yo lo necesitaba y lo buscaba, podía encontrarlo.*

Con el correr de los años, mi padre salió de Guatemala y vino a los Estados Unidos. Yo conocí a Elena, nos casamos y tuvimos a nuestra hija Krystal. Un día, hablando con mi padre le dije: «Papá, mis hijos le van a conocer a usted como el buen hombre que es. Quiero que ellos lo vean como Dios lo ve, con la obra terminada y completa. Yo siempre les voy a hablar bien de su abuelo». Para la gloria de Dios, desde que nació nuestra hija Krystal, mi padre no luchó más con el alcohol. Ahora él es uno de mis mejores amigos, nos vemos a menudo y hablo con él todas las semanas. Si miras a nuestra familia hoy, verás que somos todo lo contrario de lo que dicen las estadísticas que seríamos. Mi hermano y yo somos pastores y mi hermana es misionera. Es increíble ver cómo no hubo estadística que pudiera contra un Dios disponible.

Cuando miro hacia atrás, reconozco que como familia tuvimos que atravesar serias dificultades. Pero a pesar de ello, nunca guardé rencor hacia mi padre. Confieso que sí tuve rencor, pero no dirigido hacia alguien en específico, sino un enojo mezclado con dolor por la realidad que vivíamos. Siento que los problemas hicieron que en cierto sentido me cerrara interiormente, me volviera más duro. Estaba como que enojado con la vida, a veces me despertaba y me preguntaba por qué todo esto nos tuvo que pasar a nosotros, por qué a mí y no a otros. Yo veía que a otros les iba bien y a mí no, aunque yo hacía las cosas bien. Entonces sentía como si a nadie le importara lo que nosotros vivíamos. Y lo peor era que, si de repente alguien mostraba interés en lo que nos pasaba, yo sentía que nos tenían lástima.

Mi madre tuvo la guianza de Dios en cuanto a enseñarme que mi padre tenía un problema, pero que el problema no era él. Nada me hace más feliz hoy en día que verle sentado en la primera fila de la congregación cuando estoy predicando. En esos instantes mi mente vuela hacia atrás recordando las oraciones que hacíamos todos en momentos de desesperación junto a mis hermanos pidiendo por él: «Mi papá es un buen

29

hombre, él va a ser un hombre de Dios, el propósito de Dios se cumplirá en nuestra familia». Y así fue como, gracias a esas oraciones, hoy en día mis padres están juntos. Dios restauró su relación y el propósito de Dios para todos y cada uno de nosotros se está cumpliendo.

La cercanía y la disponibilidad de Dios son semillas de esperanza

Todo lo que viví de pequeño dejó una semilla en mi interior. Comprendí que Dios estaba cerca de mí y disponible. Su cercanía y disponibilidad me llenaron de esperanza. Su amor me hizo vivir con un sentido de pertenencia real y seguro de alguien que me amaba más allá de lo que yo pudiera imaginar. *Pertenecerle me dio una identidad firme y me llevó a entender que mi valor residía en quién soy y no en lo que tenía o hacía.*

La comprensión de este inmenso regalo de saber que puedo contar con un Dios cercano que me ama, a quien le pertenezco y me guarda, me hizo descubrir mi propósito: «Nací para adorarle». La adoración es la respuesta natural de un hijo que admira a su Padre porque está agradecido y reconoce que su vida sin Él sería equivalente a la muerte.

No sé si tú alguna vez has experimentado o conocido a este Padre celestial. Tampoco sé qué imagen tienes de Él. A través de estas páginas, quisiera demostrarte una verdad que transformará tu vida para siempre. *Dios está disponible.* Dios no está lejos, sentado en un trono distante y enojado con el mundo, eso no es lo que relata la Biblia. El mensaje central que descubrimos al leer las Escrituras nos presenta evidencias claras de un Dios que no solo está interesado en la humanidad, sino que también actúa en favor de la misma. ¿Cómo lo sabemos? La respuesta forma parte de la misma historia de la humanidad. Jesús, el hijo de Dios, hace más de dos mil años dejó su trono, gloria y majestuosidad, para venir a la tierra y reconciliarnos con Dios. Un acto de amor que tendría consecuencias eternas para ti y para mí.

> Dios no solo está interesado en la humanidad, sino que también actúa en favor de la misma.

¿Sabes?, Dios nunca se apartó de nosotros. Ese nunca fue su plan. Somos nosotros quienes nos alejamos de Él. La Biblia comienza el relato de la historia de la humanidad, contándonos que Dios tenía una relación muy estrecha con quienes vivían en el jardín del Edén. Allí, el Creador se encontraba todos los días para hablar con ellos. También les había dado indicaciones muy precisas en cuanto a qué era beneficioso para ellos y qué no. Cuando Adán y Eva comieron del fruto del árbol que estaba en medio del huerto, escogieron independizarse de Dios, hacer las cosas a su manera, según su propia voluntad, y como consecuencia de este alejamiento, *«se escondieron del Señor»* (Génesis 3:8).

Esta decisión que ambos tomaron (y que todos tomamos cada vez que decidimos alejarnos de Dios), es lo que llamamos pecado. La consecuencia de esta elección nos alejó de la fuente de vida eterna y plena. El objetivo primordial que teníamos y tenemos como creación de Dios es el de disfrutar de nuestra relación con el Creador, vivir junto a Él y para Él; somos sus representantes aquí en la tierra.

En la Biblia, en el libro de Romanos, el apóstol Pablo nos enseña la consecuencia de esta separación: «... *la paga que deja el pecado es la muerte...*» (6:23). Como consecuencia de nuestra elección, estamos espiritualmente muertos, es decir, vivimos, pero estamos muertos en vida. Y al morir físicamente, quedamos separados de Dios por la eternidad.

Pero no te desesperes; en el mismo versículo Pablo nos dice que Jesús, el hijo de Dios, tomó el lugar que nos correspondía y sufrió la muerte que nos hubiese tocado morir (como consecuencia de nuestro alejamiento) y en su lugar nos dio vida. La historia de lo que conquistó Jesús en la cruz es fascinante. Sobre la cruz fue clavada el acta que nos condenaba[2]. Ese documento tenía escrito todos nuestros pecados pasados, presentes y futuros. Allí estaban las pruebas en nuestra contra, los cargos que demostraban lo bajo que podemos llegar cuando escogemos vivir lejos de Dios.

Es difícil comprender la complejidad de un Dios que está lleno de amor y misericordia, pero que al mismo tiempo es justo. Su justicia también forma parte de su personalidad. Esta faceta de la personalidad divina nos resulta agradable cuando se aplica a quienes nos hacen daño, porque vivimos en carne propia las secuelas y las marcas que la maldad ajena deja en nuestras vidas. Pero quisiéramos que desapareciera como por arte de magia cuando los que nos equivocamos somos nosotros. ¿No es así?

---

[2] «Él anuló el acta con los cargos que había contra nosotros y la eliminó clavándola en la cruz» Colosenses 2:14 NTV.

La muerte eterna tendría que haber sido la consecuencia justa de nuestras malas elecciones. Para satisfacer o cumplir con la justicia de Dios, toda la fuerza de su justicia cayó sobre Jesús en la cruz, cuando siendo inocente cargó sobre sí mismo toda nuestra maldad. El precio total de la pena que nos correspondía pagar con nuestra propia vida, fue clavado y pagado en ese histórico día. Allí, públicamente Jesús dijo: «¡*Consumado es!*»[3]. Venció a la muerte para que tú y yo nunca más tuviéramos que vivir sin una esperanza eterna y sin una vida plena en Dios.

¿Puedes celebrar esto conmigo? ¿Acaso no es esta la mejor de las noticias? Piensa en todas las cosas malas que has hecho hasta el día de hoy. Algunas han tenido consecuencias nefastas que seguramente te llenan de vergüenza. ¡Todas y cada una de ellas fueron perdonadas! Justicia total y completa fue aplicada sobre el cuerpo de Jesús cuando tomó tu lugar en la cruz. Fue allí donde la justicia y el amor de Dios se unieron en un abrazo. El precio fue muy alto, pero el amor de Dios permitió que la distancia y el alejamiento fueran hechos pedazos.

> En la cruz la justicia y el amor de Dios se unieron en un abrazo. La distancia y el alejamiento fueron hechos pedazos.

La mejor noticia de todas: el Evangelio

A esta buena noticia la llamamos Evangelio; es el relato histórico del acto de amor más sublime del que jamás hayas escuchado. La

---

[3] «Luego que Jesús tomó el vinagre, dijo: Consumado está. Y habiendo inclinado la cabeza, entregó el espíritu». Juan 19:30 RVR 1960.

Buena Noticia nos asegura que no tenemos un Dios distante, por el contrario, *tenemos un Dios disponible* y activo en nuestras vidas.

En el Edén, cuando Adán pecó, lo primero que sucedió luego de ese primer alejamiento fue que Dios mismo recorrió el jardín buscándole. ¿Dónde estás? preguntó Dios. ¿Te imaginas? ¿Piensas que Dios no sabía lo que había pasado o que ignoraba el lugar donde se escondían Adán y Eva? El primero en buscar al hombre cuando pecó fue Dios. Él salió en busca de la restauración de la relación con la humanidad aquel día en el Edén; y lo sigue haciendo hoy. *Dios está disponible para darte esperanza.*

> El primero en buscar al hombre cuando pecó fue Dios, y lo sigue haciendo hoy.

Nuestro Padre celestial sigue buscándonos y dándonos su disponibilidad todos los días. Es claro que a Dios le importas. Dios te ama con amor eterno. Eres tan valioso para Él que no dudó en enviar a su único Hijo en rescate por tu vida. No estás vivo por accidente y no eres un accidente. *Eres parte del plan eterno de Dios.*

En el libro del profeta Jeremías, Dios deja bien en claro cuáles son sus planes para con sus hijos:

> *«Pues yo sé los planes que tengo para ustedes—dice el Señor—. Son planes para lo bueno y no para lo malo, para darles un futuro y una esperanza. En esos días, cuando oren, los escucharé. Si me buscan de todo corazón, podrán encontrarme».*
>
> Jeremías 29:11-13 NTV

Quiero que sepas con plena seguridad que en la mente de Dios no hay maldad y no hay oscuridad porque Él es luz. Dios no desea ni planifica que nos vaya mal. Todo lo contrario, sus planes nos dan un futuro lleno de esperanza. Recuerda que Dios no está lejos. Dios está disponible y nunca quiso que estuvieras lejos; ese no es su plan.

«Pues Dios amó tanto al mundo que dio a su único Hijo para que todo el que crea en él, no se pierda, sino que tenga vida eterna. Dios no envió a su Hijo al mundo para condenar al mundo, sino para salvarlo por medio de él».

Juan 3:16-17 NTV.

Quisiera que no pierdas ni un segundo más de tu vida lejos de la persona más maravillosa del universo. ¿Puedes creer que, si sólo confías en Jesús de todo corazón, podrás encontrarlo? Esa es la esperanza a la que Dios te llama hoy. Es un privilegio completamente inmerecido y al mismo tiempo, al alcance de tu mano. Dios está más cerca de lo que puedes imaginar.

Entrégale tu vida a Dios

En este mismo instante, te invito a que, si nunca hablaste con Él o si te sientes lejos de Dios, donde sea que te encuentres, confíes en Él y hagas esta oración conmigo. Es súper sencilla, pero tiene el poder de cambiar tu futuro eterno en cuestión de segundos. Simplemente afirma que confías y crees que Jesús tomó tu lugar en la cruz y que su vida, muerte y resurrección, te reconciliaron con Dios y te dieron vida eterna. Recuerda que Dios promete en la Biblia que, si lo buscas de todo cora-

Dios está disponible

zón, podrás encontrarlo. En voz alta, allí donde te encuentras di estas palabras:

> *«Padre eterno, hoy he entendido que, porque me amas, enviaste a tu hijo Jesús a morir por mí en la cruz. A pesar de que muchas veces he decidido alejarme de ti, Jesús se acercó a mí. También entiendo que tu hijo murió tomando mi lugar, y cargó con todos mis pecados pasados, presentes y futuros. Toda tu justicia cayó sobre Jesús quien tomó mi culpa y al resucitar, venció a la muerte. Confieso que soy salvo de la muerte gracias a ti. Jesús, tú eres mi Salvador. Te abro las puertas de mi corazón, ven a mi vida y guíame para caminar junto a ti. En el nombre de Jesús. Amén».*

Si has hecho esta oración por primera vez, creyendo en tu corazón lo que dices, ahora eres hijo de Dios[4]. ¡Quiero darte la bienvenida a la familia de Dios! Me llena de emoción el saber que ahora Cristo vive en tu corazón.

Si ya eres hijo de Dios y estás buscando desarrollar una relación más íntima con Él, es el momento en que esta se renueva. Puedes tener la plena seguridad de que, aunque un día tu cuerpo muera, el Espíritu de Dios *que ahora vive en ti*, te dará vida porque Dios te ve como si nunca hubieses pecado[5]. Esto es lo que la Biblia llama gracia, un regalo completamente inmerecido.

---

[4] «Que, si confiesas con tu boca que Jesús es el Señor y crees en tu corazón que Dios lo levantó de entre los muertos, serás salvo». Romanos 10:9 NVI.

[5] «Y Cristo vive en ustedes; entonces, aunque el cuerpo morirá por causa del pecado, el Espíritu les da vida, porque ustedes ya fueron hechos justos a los ojos de Dios. El Espíritu de Dios, quien levantó a Jesús de los muertos, vive en ustedes; y así como Dios levantó a Cristo Jesús de los muertos, él dará vida a sus cuerpos mortales mediante el mismo Espíritu, quien vive en ustedes». Romanos 8:10-11 NTV.

Realmente Dios nos llena de esperanza. Piensa que a partir de ahora comenzarás a experimentar los mejores días de tu vida. Ya no caminarás solo porque tu Padre celestial estará a tu lado tomándote de la mano en cada momento y en cada circunstancia que te toque vivir. ¡Dios está disponible para tu vida las 24 horas del día, los siete días de la semana, los 365 días del año!

Resumen del capítulo 1:

Dios está disponible para darte esperanza

- A pesar del dolor y las dificultades que vivíamos, siempre sentí que Dios estaba a mi alcance. Aunque no lo entendía ni tampoco podía explicarlo, aprendí que Dios está disponible para nosotros, las 24 horas del día, los siete días de la semana, los 365 días del año.

- Dios estaba cerca, tan cerca que hasta sentía que podía tocarlo. Dios estaba a mi alcance, si yo lo necesitaba y lo buscaba, podía encontrarlo.

- El destino de mi vida no estaba limitado por mi situación. Es Dios quien define el propósito de tu vida, no las circunstancias.

- No hay estadística que pueda contra un Dios disponible. Él es el Dios de lo imposible.

- Nuestro valor reside en quiénes somos en Dios, y no en lo que tenemos o hacemos circunstancialmente.

- Nacimos para adorarle. La adoración es la respuesta natural de un hijo que admira a su padre porque está agradecido y reconoce que en su vida sin Él, nada tiene sentido.

- No tenemos un Dios distante, por el contrario, tenemos un Dios disponible y activo en nuestras vidas.

- Dios te ama con amor eterno. Eres tan valioso para Él que no dudó en enviar a su único Hijo para rescatar tu vida. No estás vivo por accidente y no eres un accidente. Eres parte del plan eterno de Dios.

Versículo clave:

«Pues yo sé los planes que tengo para ustedes—dice el Señor—. Son planes para lo bueno y no para lo malo, para darles un futuro y una esperanza. En esos días, cuando oren, los escucharé. Si me buscan de todo corazón, podrán encontrarme».

Jeremías 29:11-13 NTV.

Reflexión personal:

- ¿Hay algo en tu vida que te esté impidiendo experimentar la cercanía y disponibilidad de Dios? Si tu respuesta es no, y no has hecho la oración que se encuentra en el capítulo que has leído, te invito a que leas esta oración en voz alta.

«Padre eterno, hoy he entendido que, porque me amas, enviaste a tu hijo Jesús a morir por mí en la cruz. A pesar de que muchas veces haya decidido alejarme de ti, Jesús se acercó a mí. También entiendo que tu hijo murió tomando mi lugar, y cargó con todos mis pecados, pasados, presentes y futuros. Toda tu justicia cayó sobre Jesús quien tomó mi culpa y al resucitar, venció a la muerte. Confieso que soy salvo de la muerte gracias a ti. Jesús, tú eres mi Salvador. Te abro las puertas de mi corazón, ven a mi vida y guíame para caminar junto a ti. En el nombre de Jesús. Amén».

Promesas de vida:

«Pues Dios amó tanto al mundo que dio a su único Hijo, para que todo el que crea en él no se pierda, sino que tenga vida eterna». Juan 3:16 NTV.

«El Señor está cerca de todos los que lo invocan, sí, de todos los que lo invocan de verdad. Él concede los deseos de los que le temen; oye sus gritos de auxilio y los rescata». Salmo 145:18-19 NTV.

«Deléitate en el Señor, y él te concederá los deseos de tu corazón». Salmos 37:4 NTV.

«En ti confían los que conocen tu nombre, porque tú, Señor, jamás abandonas a los que te buscan». Salmos 9:10 NTV.

«¡Jamás podría escaparme de tu Espíritu! ¡Jamás podría huir de tu presencia! Si subo al cielo, allí estás tú; si desciendo a la tumba, allí estás tú. Si cabalgo sobre las alas de la mañana, si habito junto a los océanos más lejanos, aun allí me guiará tu mano y me sostendrá tu fuerza». Salmos 139:7-9 NTV.

CAPÍTULO DOS

Dios está disponible para darte un nuevo comienzo

«Dios no juega a los dados con el universo. El azar no existe».
Albert Einstein.

Esta célebre frase del físico alemán, nos recuerda que en la creación de Dios todo tiene un propósito. Todo lo creado tiene un comienzo, una función, un objetivo y un fin. La Biblia nos cuenta en el libro de Génesis 1:31, que al sexto día, luego de haber creado el cielo, las estrellas, la tierra, los mares, la vegetación, los animales, el hombre y la mujer, «Dios miró todo lo que había hecho, ¡y vio que era muy bueno!» (NTV). Definitivamente somos la corona de su creación. Dios nos hizo a su imagen y semejanza, para que representemos y llevemos a cabo su buena voluntad aquí en la tierra.

«Yo sé bien que tú lo puedes todo, que no es posible frustrar ninguno de tus planes».
Job 42:2 NVI.

Teniendo en cuenta esta verdad como principio, es interesante poder comenzar a ver la vida y la creación de Dios como un gran sistema de engranajes, donde todo encaja a la perfección, aún nuestros errores. Nada escapa de sus propósitos, ellos siempre se cumplen. Lo extraordinario en todo esto, es que ¡Él cuenta con nuestras vidas para llevarlos a cabo!

> «Incluso antes de haber hecho el mundo, Dios nos amó y nos eligió en Cristo…».
>
> Efesios 1:4 NTV.

Definitivamente somos piezas esenciales dentro de esta gran maquinaria llamada «la creación». Pero al mismo tiempo, nuestra libertad para elegir entre «lo bueno y lo malo» nos hace falibles. Aún así, conociendo la posibilidad que existía en el hombre de apartarse de su buena voluntad, Dios nos amó tanto que desde el principio planificó un antídoto (la salvación a través de la sangre de su Hijo) que nos permite restaurar nuestra relación con Él cada vez que nos alejemos. Jesús vino a reparar lo que el hombre perdió en el huerto del Edén, la comunión entre la creación y su Creador.

> «Yo soy el Señor, tu Hacedor, el que te formó desde el vientre y el que siempre te ayudará. Y yo te digo que no temas…».
>
> Isaías 44:2 RVC.

> Jesús no vino al mundo para juzgarlo, vino para restaurarlo y salvarlo.

Su entrega y sacrificio, hicieron posible que hoy podamos encarar la vida sin temor, sabiendo que cada mañana, a través de Jesús, tenemos un nuevo comienzo. Nada de lo que Él hace escapa a este principio, recuerda que: «Dios no juega a los dados con el universo».

Y por sobre todo, Dios restaura vidas. Esto nos demuestra que Jesús no vino al mundo para juzgarlo, sino que vino al mundo para restaurarlo y salvarlo (Juan 3:17 NTV). ¡Qué bueno es saber eso! No existe una distancia tan lejana que Él no recorrería para ir detrás de ti. No existe un pecado demasiado grande para la misericordia del Dios que está a tu disponibilidad. No existe un lugar donde puedas esconderte de la gracia y del amor de Dios que están corriendo detrás de ti.

Si estás leyendo estas páginas es porque tu corazón también está disponible para Dios. Tienes un hambre, una sed en tu interior por conocer más de Él, por descubrir sus planes para tu vida y eso te despierta a un nuevo comienzo.

¿Qué significa este nuevo comienzo del que te estoy hablando? Es un «nuevo génesis», un nuevo principio creador, a partir del cual las dos partes, Dios y la humanidad, entran en acuerdo para activar lo sobrenatural en la tierra. Como representantes de Dios nos ponemos en sus manos cada día para hacer su buena voluntad, despertando una transformación interior que afecta y cambia el ambiente que nos rodea. La disponibilidad de ambas partes (el poder del acuerdo entre el cielo y la tierra) causa que exista un nuevo principio. En Dios todo es nuevo.

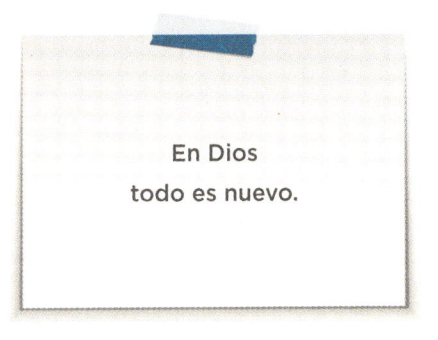

> En Dios todo es nuevo.

«El que estaba sentado en el trono dijo: '¡Yo hago nuevas todas las cosas!'...».

Apocalipsis 21:5 NVI.

No existe un lugar donde puedas esconderte de la misericordia de Dios. Querido amigo, amiga, ¡Dios hace todas las cosas nuevas! Él puede restaurar tu matrimonio, puede restaurar a tus hijos, puede restaurar tus finanzas, tus relaciones, puede restaurar tu vida entera. No hay nada que él no pueda hacer. Hay un nuevo «génesis» disponible para ti cada mañana. Es más, Dios también puede restaurar los años que quizás sientas que has perdido lejos de Él y todas sus consecuencias.

Cuando fui padre por primera vez, comencé a redescubrir el carácter de Dios en la Biblia. Pude entender en profundidad la función de Dios como padre y el amor incondicional que surge como consecuencia de ese vínculo. Recuerdo una de las primeras navidades que pasamos con Elena y mis hijos. Mi pequeña Krystal, tenía suficientes años como para entender que su papá tenía un regalo para ella. Quienes son padres saben de qué estoy hablando. Es ese momento único en el cual los niños despiertan en la mañana de Navidad esperando encontrarse con algo nuevo, con una sorpresa, llenos de ilusión. Recuerdo la mirada de mi hija, repleta de felicidad, de expectativa y entusiasmo al ver los regalos debajo del árbol esperando ser abiertos. Me sentía el mejor papá del universo porque mi hija tenía un regalo nuevo frente a sus ojos y yo tenía algo que ver con eso. Pero también había algo más; un descubrimiento que mi hija estaba haciendo por primera vez. Krystal comenzaba a darse cuenta de que su papá y su mamá habían sido parte de ese regalo especial.

Un nuevo comienzo cada día: una nueva vida llena de nuevas oportunidades

Una de las cosas que emociona muchísimo al Padre celestial es verte a ti en ese lugar comprendiendo que: Dios tiene algo nuevo para ti y se goza cuando tú entiendes que Él es un Dios de nuevos comienzos y de nuevas oportunidades. Hay algo nuevo de Dios esperándote cada mañana. Él conoce tu corazón mejor que nadie. También conoce tus necesidades, tu familia, tu situación.

> Dios es un Dios de nuevos comienzos y de nuevas oportunidades.

> *«Así que si ustedes, gente pecadora, saben dar buenos regalos a sus hijos, cuánto más su Padre celestial dará el Espíritu Santo a quienes lo pidan».*
>
> Lucas 11:13 NVI.

Cada mañana Dios tiene algo nuevo para ti y para mí. Cada mañana somos perdonados, justificados y restaurados en Cristo Jesús por la fe. Podemos levantarnos, con emoción y decir: «¡Hoy será mejor que ayer!, ¡mañana será mejor que hoy!», porque su misericordia se renueva cada mañana. Dios está disponible para darnos cada día un nuevo principio, un nuevo comienzo, una nueva oportunidad.

> *«Por lo tanto, si alguno está en Cristo, es una nueva creación. ¡Lo viejo ha pasado, ha llegado ya lo nuevo!».*
>
> 2 Corintios 5:14 NTV.

Es genial pensar que Dios nos renueva cada mañana, a pesar de las circunstancias, a pesar de lo vivido, Dios nos da la oportunidad de empezar nuevamente. Quizás haya un aspecto de tu pasado (o quien sabe de tu presente) que te avergüenza, que hace que constantemente mires atrás y pienses que las oportunidades de comenzar de nuevo sean nulas o escasas. Quiero que sepas que tú y yo tenemos un Dios de nuevas oportunidades. ¡Dios hace nuevas todas las cosas! Hoy mismo puedes experimentar un nuevo comienzo en tu vida porque no hay nada imposible para Dios.

Dios está disponible para traer vida y resucitar lo que está muerto

La Biblia dice en Romanos 6:23: *«La paga que deja el pecado es la muerte, pero el regalo que Dios da es la vida eterna por medio de Cristo Jesús, nuestro Señor»* (NTV). La paga del pecado es la muerte, pero no solo la muerte física. Puede ser muerte espiritual, emocional, financiera; muerte en los sueños, en los proyectos, en las relaciones. Toda área de nuestra vida que esté truncada, que no esté dando fruto; todo lugar que por algún motivo consciente o inconsciente le hayamos concedido al enemigo en nuestro interior, es un espacio donde la muerte comienza a trabajar trayendo esterilidad, fracaso, frustración y aridez. La muerte tiene la capacidad de convertir en desiertos aquellos lugares donde antes había vida.

Cada uno de nosotros puede evidenciar esto, ya sea en nuestra vida personal o a nuestro alrededor. Es fácil notar hoy en día a personas que llevan ataúdes sobre sus hombros. Estos ataúdes no son cajones físicos, sino urnas espirituales. Espacios que las personas cedieron en su interior al enemigo a causa del pecado, o de malas decisiones y que hoy se han convertido en lugares de muerte. Quizás haya sido una mentira que decidiste creer en lugar de tomarte firme de las promesas de Dios. Quizás cediste a una tentación que en un principio creíste que podías manejar y luego se volvió incontrolable. O entregaste el control al enemigo de un área de tus emociones que hoy no puedes dominar. Quizás sea la falta de perdón por el daño que te hizo una persona años atrás. Sea cual fuere el motivo por el cual le hayamos dado lugar al pecado en nuestra vida, la Biblia nos enseña que la consecuencia en nuestro ser es siempre la misma: muerte. ¡Pero tengo buenas noticias! Cristo venció a la muerte para darte vida, y vida en abundancia.

> Algunos llevan ataúdes sobre sus hombros. Espacios que cedieron en su interior al enemigo a causa del pecado, o de malas decisiones.

> «Jesús le dijo: Yo soy la resurrección y la vida; el que cree en mí, aunque esté muerto, vivirá».
> Juan 11:25 RVC.

> «... Porque así como la muerte vino por medio de un solo hombre, también por medio de un solo hombre vino la resurrección de los muertos».
> 1 Corintios 15:21 RVC.

Jesús es la resurrección y la vida. Él es el antídoto que todo nuestro ser necesita contra las consecuencias de muerte que genera el pecado. Como Pastor, he tenido que ministrar a personas que sufren en distintas áreas. Por ejemplo, algunas experimentan muerte en el área de la economía personal. Dicen que sus finanzas no funcionan a pesar de ser cristianos por más de treinta años. En la iglesia que pastoreo «Hosanna Woodlands» al norte de la ciudad de Houston, a menudo enseño que Dios es un Dios de principios, pero aun así, hay gente que agoniza financieramente porque no quiere seguir los principios de bendición y prosperidad que enseña la Biblia.

No importa cuántos años lleves asistiendo a una iglesia, lo que verdaderamente importa es cuán dispuesto estás a confiar en Dios y a obedecer su Palabra, permitiendo que ella te cambie y te transforme al restaurar cada área de tu ser.

«El que cree en mí, como dice la Escritura, de su interior brotarán ríos de agua viva».

Juan 7:38 RVR 1995.

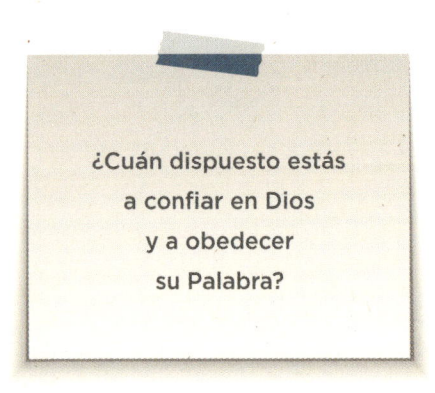

> ¿Cuán dispuesto estás a confiar en Dios y a obedecer su Palabra?

También hay gente que siente que su matrimonio se está muriendo, o lo que es peor, ya está muerto. Todos sabemos que los muertos expiden mal olor. *El principio es el mismo, si sigues los consejos de Dios, toda tu vida florecerá.* La Biblia nos enseña: «*Esposos, amad a vuestras esposas*», «*mujeres, fueron llamadas a respetar a sus maridos*». Cuando esos dos principios bíblicos se juntan, hay vida en el matrimonio. Pero cuando uno de los dos falla, se abren las puertas al pecado y eso trae como consecuencia muerte.

Hay personas que poco a poco van perdiendo relación con sus hijos y sin darse cuenta un día descubren que la buena relación que una vez supieron tener ya no existe más. La Biblia nos enseña: «*Dirige a tus hijos por el camino correcto, y cuando sean mayores, no lo abandonarán*» Proverbios 22:6 NTV.

Este nuevo comienzo está lleno de nuevas oportunidades, y al mismo tiempo, demanda de nosotros nuevos desafíos: *decidir cada día no volver a la vieja vida donde tomábamos decisiones según nuestro propio parecer (lo que nos llevaba a la muerte) y decidir caminar de acuerdo con los principios que Dios nos enseña en su Palabra*. La salvación de tu alma fue ganada porque alguien más tuvo que pagar el precio de sufrir lo que tendrías que haber sufrido tú. Esto no es algo que podemos tomar a la ligera. Cada latigazo, cada clavo, cada golpe, cada insulto; todo el dolor y el sufrimiento de nuestro amado Señor, demanda de nosotros arrepentirnos genuinamente de nuestra maldad. Nos demanda que nos apartemos de todo lo que causa muerte en nuestras vidas.

De hecho, la Biblia es muy clara en el libro de Efesios[6] cuando nos enseña lo siguiente:

«*... Que en cuanto a la anterior manera de vivir, ustedes se despojen del viejo hombre, que se corrompe según los deseos engañosos y que sean renovados en el espíritu de su mente, y se vistan del nuevo hombre, el cual, en la semejanza de Dios, ha sido creado en la justicia y santidad de la verdad. El que roba, no robe más, sino más bien que trabaje, haciendo con sus manos lo que es bueno, a fin de que tenga qué compartir con el que tiene necesidad. Sea quitada de*

---

[6] Efesios 4: 22-4, 28, 31-3 (NBLA).

ustedes toda amargura, enojo, ira, gritos, insultos, así como toda malicia. Sean más bien amables unos con otros, misericordiosos, perdonándose unos a otros, así como también Dios los perdonó en Cristo».

Dios nos da la oportunidad de un nuevo comienzo y al mismo tiempo, demanda de nosotros una renovación en nuestra manera de pensar. Ya no podemos seguir pensando y actuando según nuestra vieja manera de vivir. Ahora debe ser su Palabra la que alumbre nuestro nuevo modo de caminar.

El ejemplo dado por el apóstol es claro: si yo antes robaba, ahora ya no debo robar más. Mi nuevo desafío consiste en trabajar para poder hacer lo bueno y compartir con quienes tienen necesidad. Cuando aprendemos a vivir una vida de obediencia a los principios que Dios nos enseña en su Palabra, nuestras vidas no solo son cambiadas. La obediencia a los principios divinos abre la puerta a las bendiciones de Dios, y el fruto de la obra de mis manos, ahora es de bendición para otras personas que quizás estén necesitando tu ayuda. En lugar de robar, ¡ahora tienes la oportunidad de ser de bendición!

> La obediencia a los principios divinos abre la puerta a las bendiciones de Dios.

Solo cuando aprendamos a rendir nuestras vidas, nuestro matrimonio, nuestras relaciones, nuestros planes, nuestras finanzas, a los pies de Cristo, seremos capaces de disfrutar de la vida plena y abundante que en Cristo Jesús podemos encontrar. Él tiene el poder de resucitar todas las áreas de nuestra vida.

Hay 4 puntos que quiero destacar, acerca de lo que sucede en la vida de una persona cuando recibe a Jesús en su corazón y le abre las puertas de su interior para ser transformado a través de la obra del Espíritu Santo y a la luz del seguimiento de los principios que hallamos en la Palabra de Dios.

1. Dios renueva todas tus relaciones

Cuando recibes a Jesús en tu corazón y lo conviertes en el centro de tu vida, tu comunión con Dios es restablecida. Pasas de ser alguien que vivía alejado de Dios, a alguien que porta el título de hijo e hija del Altísimo. Y como consecuencia de esa relación, pasas a tener una herencia celestial. *«… Y tenemos una herencia que no tiene precio, una herencia que está reservada en el cielo para ustedes, pura y sin mancha, que no puede cambiar ni deteriorarse».* 1 Pedro 1:4 NTV.

Mis hijos tienen todo de mí. Yo daría todo por mis hijos, haría todo lo que fuera por saber que van a estar bien. ¿Sabes por qué? Porque son mi sangre, son mi descendencia. Dios Padre, hizo lo mismo por ti, te compró con precio de sangre, la sangre de su hijo. Cuando te conviertes en hijo e hija de Dios, él transforma tu vida trayendo comunión, esperanza y vida eterna.

2. Dios nos da una nueva familia

Ahora tienes hermanos en Cristo. ¡Qué idea genial que tuvo Dios cuando creó la Iglesia! Hay de todo: ¡gorditos, flacos, bonitos, feítos, pelones! Cuando conocemos a Cristo, Dios nos da una nueva familia para que nunca más tengamos que vivir solos. ¡La iglesia es tu casa! Dios renueva y aumenta tu familia. Nunca más estarás solo, eres parte de la gran familia de Cristo.

> *«Dios decidió de antemano adoptarnos como miembros de su familia al acercarnos a sí mismo por medio de Jesucristo. Eso es precisamente lo que él quería hacer, y le dio gran gusto hacerlo».*
>
> Efesios 1:5 NTV.

3. Dios te da un nuevo propósito

Ya no vives para ti mismo, ahora él vive en ti y tú tienes un propósito eterno. Las circunstancias o problemas que enfrentes en esta vida terrenal, no determinan quién eres; tú tienes un nuevo propósito y es el de dar gloria a Dios en todo lo que hagas. Recuerda: «Naciste para adorar». Eso es vivir conforme al fruto del Espíritu: amor, gozo, paz, templanza, fe, mansedumbre, bondad, benignidad, paciencia. Ahora tienes un nuevo propósito en esta tierra, exaltar a Dios en cada cosa que hagas, independientemente de las circunstancias.

> *«Y todo lo que hagáis, hacedlo de corazón, como para el Señor y no para los hombres; sabiendo que del Señor recibiréis la recompensa de la herencia, porque a Cristo el Señor servís».*
>
> Colosenses 3:23-24 RVR 1960.

4. Dios te da un nuevo destino

Ese destino es vivir en gloria con Cristo Jesús. Hemos pasado de la muerte a la vida y tenemos un destino eterno juntamente con Él. La muerte perdió su poder. Para los hijos de Dios, la muerte no es el destino final, nosotros somos seres eternos.

> «De cierto, de cierto os digo: El que oye mi palabra, y cree al que me envió, tiene vida eterna; y no vendrá a condenación, mas ha pasado de muerte a vida».
>
> Juan 5:24 NTV.

Dios está disponible para traer descanso a tu alma

> «Luego dijo Jesús: Vengan a mí todos los que están cansados y llevan cargas pesadas, y yo les daré descanso».
>
> Mateo 11:28 NTV.

Es importante que sepamos que Dios nos da un nuevo comienzo, y además, brinda descanso a nuestra alma. El descanso es parte esencial de nuestro funcionamiento. Nuestra alma, nuestra mente y nuestro cuerpo necesitan descansar para renovar sus fuerzas. No fuimos creados para exprimir nuestras energías hasta la última gota; necesitamos descansar de la rutina del día a día; descansar de uno mismo; descansar la mente; ¡esa mente que nunca para! Todos necesitamos descansar. Hay sabiduría en aplicar este principio en la vida.

> Todos necesitamos descansar. Hay sabiduría en aplicar este principio en la vida.

Hay situaciones en nuestras vidas que consumen nuestras fuerzas. Es por esto que necesitamos aprender a descansar en que *Jesús está en control de nuestras vidas*. Él nunca nos va a dar más de lo que podamos aguantar. Dios te va a dar las fuerzas que necesitas para llegar a donde tienes que llegar. Dios te tiene en el lugar específico y en el momento adecuado. Él está contigo peleando a tu favor. Muchas veces yo me digo a mí mismo: «¡Dios está contigo Harold! No estás solo. Tú puedes, tú eres el hombre adecuado para este momento». Te invito a que incorpores este hábito en tu vida: cada mañana, al despertar, habla contigo mismo y declara la verdad de Dios sobre tu vida: «Jesús tiene todo bajo control, Dios me ha dado las fuerzas que necesito para enfrentar los desafíos del día de hoy. Todo lo puedo en Cristo que me fortalece».

Cuando yo caiga, cuando cometa un error, cuando me sienta insuficiente, cuando sienta que no soy digno, tengo abogado ante el Padre que defiende mi causa. Piensa en esto. Jesús nos defiende de todas y cada una de las acusaciones que inclusive justamente estén delante de nosotros. ¿Y sabes por qué? Porque Jesús mismo pagó el precio con su vida. Por eso, hoy descansa en la obra completa de Jesús en la cruz por ti y por mí.

> *«Pónganse mi yugo. Déjenme enseñarles, porque yo soy humilde y tierno de corazón, y encontrarán descanso para el alma. Pues mi yugo es fácil de llevar y la carga que les doy es liviana».*
> Mateo 11:29-30 NTV.

Lo que más me apasiona de la vida cristiana es ver el cambio real y palpable en los que me rodean. ¡Dios es real!, y si hoy te atreves a tomar la iniciativa de abrir tu corazón para que los ríos de agua de vida puedan recorrer todo tu ser, te aseguro que el Dios que está disponible para darte un nuevo comienzo también le dará descanso a tu alma, así como lo hizo con la mía. ¡Dios está disponible para darte un nuevo comienzo!

La pregunta que quisiera invitarte a hacer es la siguiente: ¿cuáles son las áreas muertas en tu vida que necesitan la vida de Cristo?

1. Área espiritual
2. Área de salud mental y física
3. Área relacional (matrimonio o sentimental, familiar, emocional, etc.)
4. Área vocacional – laboral
5. Área financiera

Ahora piensa: ¿cuáles de estas áreas están muertas porque no estás caminando de acuerdo con los principios divinos? Luego, en oración, sinceramente habla con Dios y pídele al Espíritu Santo que te guíe a identificar las áreas desiertas.

Piensa de qué manera tienes que ponerte de acuerdo con Dios para que su voluntad sea hecha en tu vida. Ríndete a Él con plena confianza. Su voluntad es lo mejor que te puede suceder, porque Él quiere lo mejor para ti. Esto no quiere decir que todo será fácil o que no enfrentarás dificultades. Piensa en Jesús. En el huerto del Getsemaní, Jesús tuvo que tomar una decisión extremadamente difícil. Hacer la voluntad de su Padre, la cual implicaba entregar su vida y morir en la cruz, o ha-

> Piensa de qué manera tienes que ponerte de acuerdo con Dios para que su voluntad sea hecha en tu vida.

cer su propia voluntad. Reflexiona en qué sería de tu vida y de la mía si Él no hubiera dicho: «Hágase tu voluntad».

Cuando tú te rindes a la voluntad de Dios para tu vida, hay un nuevo comienzo. Aunque enfrentes la muerte, puedes tener la plena seguridad de que el mismo Espíritu que levantó a Jesús de entre los muertos, resucitará esas áreas en las que no reina la vida y comenzarás a vivir plenamente.

«Pero si el Espíritu de Aquel que resucitó a Jesús de entre los muertos habita en ustedes, el mismo que resucitó a Cristo Jesús de entre los muertos, también dará vida a sus cuerpos mortales por medio de Su Espíritu que habita en ustedes».

Romanos 8:11 NBLA.

Resumen del capítulo 2:

Dios está disponible para darte un nuevo comienzo

- Es interesante poder comenzar a ver la vida y la creación de Dios como un gran sistema de engranajes, donde todo encaja a la perfección, aún nuestros errores. Nada escapa de sus propósitos.

- Somos piezas esenciales dentro de esta gran maquinaria llamada «la creación».

- Dios restaura vidas. Jesús no vino al mundo para juzgarlo, sino que vino al mundo para restaurarlo y salvarlo.

- Si como representantes de Dios nos ponemos en sus manos cada día para hacer su buena voluntad, despertaremos una transformación interior que afectará y cambiará el ambiente que nos rodea.

- Hay algo nuevo de Dios esperándote cada mañana. Él conoce tu corazón mejor que nadie. Conoce también tus necesidades, tu familia y tu situación.

- Cada mañana somos perdonados, justificados y restaurados en Cristo Jesús por medio de la fe. A pesar de las circunstancias, a pesar de lo vivido, Dios nos da la oportunidad de empezar nuevamente. Tenemos un Dios de nuevas oportunidades; Él hace nuevas todas las cosas.

- Jesús es la resurrección y la vida. Él es el antídoto que todo nuestro ser necesita contra las consecuencias de muerte que genera el pecado.

- Cuando aprendamos a rendir nuestras vidas, nuestro matrimonio, nuestras relaciones, nuestros planes y nuestras finanzas a los pies de Cristo, entonces y solo entonces, seremos capaces de disfrutar de la vida plena y abundante que en Cristo Jesús podemos encontrar. Él tiene poder para resucitar todas las áreas de nuestra vida.

- Todos necesitamos descanso porque a veces la vida cansa, pero aprendamos a descansar en esto, que Jesús está en control de nuestras vidas. No estás solo, Dios está contigo.

- Cuando te rindes a la voluntad de Dios para tu vida, hay un nuevo comienzo. Puedes tener la plena seguridad de que el mismo Espíritu que levantó a Jesús de entre los muertos, resucitará toda área muerta en tu vida.

Versículo clave:

«El que estaba sentado en el trono dijo: '¡Yo hago nuevas todas las cosas!'...».

Apocalipsis 21:5 NVI.

Reflexión personal:

- ¿Cuáles son las áreas muertas de tu vida donde necesitas el Espíritu de resurrección y vida de Cristo?

- ¿Cómo puedes asociarte con Dios para que sea hecha su voluntad aquí en la tierra así como sucede en el cielo?

- ¿Qué área de tu vida necesita encontrar descanso en Dios?

Promesas de vida:

«Yo sé bien que tú lo puedes todo, que no es posible frustrar ninguno de tus planes». Job 42:2 NVI.

«Yo soy el Señor, tu creador, que te formó desde antes de nacer y que te ayuda. No temas, Jesurún, pueblo de Jacob, mi siervo, mi elegido, porque voy a hacer que corra agua en el desierto, arroyos en la tierra seca. Yo daré nueva vida a tus descendientes, les enviaré mi bendición». Isaías 44:2-3 DHH 94.

«Y él murió por todos, para que los que viven ya no vivan para sí, sino para el que murió por ellos y fue resucitado». 2 Corintios 5:15 NVI.

«Por lo tanto, si alguno está en Cristo, es una nueva creación. ¡Lo viejo ha pasado, ha llegado ya lo nuevo!». 2 Corintios 5:17 NVI.

«¡Todo el que crea en mí puede venir y beber! Pues las Escrituras declaran: "De su corazón, brotarán ríos de agua viva"». Juan 7:38 NTV.

«Vengan a mí todos ustedes que están cansados y agobiados, y yo les daré descanso». Mateo 11:28 NVI.

«¡Voy a hacer algo nuevo! Ya está sucediendo, ¿no se dan cuenta? Estoy abriendo un camino en el desierto, y ríos en lugares desolados». Isaías 43:19 NVI.

«Solo yo puedo predecir el futuro antes que suceda. Todos mis planes se cumplirán porque yo hago todo lo que deseo».
Isaías 46:10 NTV.

«El gran amor del Señor nunca se acaba, y su compasión jamás se agota. Cada mañana se renuevan sus bondades; ¡muy grande es su fidelidad!». Lamentaciones 3:22-23 NVI.

CAPÍTULO TRES

Dios está disponible para darte una nueva identidad

«Naciste para ganar, pero para ser un ganador, debes planificar para ganar, prepararte para ganar y esperar ganar».

Zig Ziglar.

Recuerdo que desde muy temprano en mi vida tenía largas conversaciones conmigo mismo. El tono con que yo me hablaba muchas veces era un tono que estaba directamente conectado con la situación por la que estaba pasando; dependía de cómo me veía y sentía en ese día. Me vienen a la memoria esos momentos en los que me miraba al espejo y me decía: «...Te ves de esta manera, o de esta otra...». Seguramente a ti te ha pasado lo mismo más de una vez.

Aunque no te hayas dado cuenta, o ni siquiera lo entiendas, todos los días platicas contigo mismo. Tú mismo te haces preguntas y realizas comentarios. Piensa en lo que pasa por tu mente cuando entras a un lugar donde hay varias personas. Dentro de ti, inconscientemente estás comentando: «¡Ay mira qué se ha puesto Pedro y qué bonita camisa tiene Marta!».

Aunque no lo creas, si lo analizas, te darás cuenta de haberlo hecho más de una vez.

Cuando estaba en la preparatoria, formaba parte del equipo de Cross Country y me encantaba correr. Eso significaba que me mandaban a correr sin ninguna razón, solo por el placer de hacerlo. Nadie nos estaba persiguiendo, pero por algún motivo que desconozco aún al día de hoy, donde yo crecí, nos la pasábamos corriendo. Corríamos alrededor de tres millas diarias. En ese tiempo, recuerdo haber tenido largas conversaciones conmigo mismo, antes, durante y después de la carrera. Antes de la carrera yo siempre estaba súper emocionado, y sufría los nervios habituales que se experimentan antes de escuchar el famoso: «¡Preparados, listos, ya!». Recuerdo como si fuera hoy, que nos paraban a todos en la línea de partida y yo, por dentro decía: «¡ay, a este gordito me lo traigo!», «¡uy, quien sabe, este flaquito quizás me gane!». En mi cabeza me hacía una «hoja de ruta» que decía algo así como: «Bueno a este sí me lo trueno, sin dudas esquivando por aquí y por allí, gano yo». En mi cabeza tenía identidad de ganador. Yo me veía ganando y podía saborear la victoria aún antes de comenzar.

Pero, antes de llegar a la mitad de la carrera, como a milla y media, el cansancio hacía aflorar otros pensamientos: «¡ay, pero qué bruto, para qué me metí a correr!». Estos eran consecuencia del dolor físico que experimentaba. Me dolían cosas que teóricamente no

> En mi cabeza tenía identidad de ganador. Yo me veía ganando y podía saborear la victoria aún antes de comenzar.

me tenían que doler: los tobillos, los dedos, hasta el hígado; me dolía todo, y yo decía: «¡Quién me mandó a correr? ¿Qué hago aquí?». A pesar del dolor, algo inesperado siempre me pasaba en medio de la carrera. Cuando me encontraba a una cierta distancia desde donde comenzaba a divisar la meta, los pensamientos negativos cedían porque dentro de mí decía: «...Pues ya voy llegando, ¡vamos Harold, ya queda poco, es tiempo del empujón final!». Y entonces empezaba a apurarme, a correr con todas mis ganas. ¿Te has dado cuenta de que al final de la carrera todos corren un poquito más rápido? Te preguntas por qué será que no extienden esa clase de fuerza durante toda la carrera, ¿verdad? Aparentemente sería lo más lógico. Pero en realidad, es al final, cuando ya casi ves la meta, que aunque estés cansado y sientas que tu cuerpo no da más, de repente comienzas a sentir una energía extra que antes no tenías; una nueva fuerza que te hace correr más rápido para alcanzar tu objetivo. Era esto lo que hacía que yo terminara rebasando a todos los que tenía cerca porque ellos no podían ver que yo me estaba acercando. Cuando la meta se veía más cercana yo corría a más no poder. Era ahí cuando mi voz interior comenzaba a decirme en medio de la carrera: «¿Qué haces aquí?», o, «¿Por qué estás haciendo esto?». Pero repentinamente se desvanecía y en mi mente solo podía escuchar una voz, que decía: «¡Vamos Harold! ¡Ya casi lo logras, solo un esfuerzo más y ganas la carrera!».

Es increíble como ante una misma situación podían surgir dos actitudes totalmente contrapuestas. El corredor no había cambiado y la carrera seguía siendo la misma, pero el hecho de poder comenzar a ver que la meta final estaba cerca, cambiaba el tono de la conversación dentro de mí; y a la vez producía una energía nueva la cual no estaba antes en mis reservas, que me impulsaba para cruzar primero la línea de llegada.

Las palabras tienen poder de vida o muerte

Esta lucha que ocurre en nuestro interior es algo con lo que convivimos a diario. Todos los días declaramos cosas sobre nuestras vidas de manera consciente y aún inconsciente. Al mismo tiempo tenemos que lidiar con lo que quizás otras personas dicen de nosotros. A veces esos comentarios son palabras de bien que nos alientan y nos ayudan a seguir adelante a pesar de que las circunstancias internas y externas sean duras. Y otras veces son palabras negativas, que nos hacen mal, nos hieren y atentan contra nuestra identidad. *En la carrera de la vida, el desafío que enfrentamos diariamente nos sitúa en un campo de batalla mental donde constantemente somos bombardeados por comentarios sobre cómo nos vemos a nosotros mismos, sobre cómo nos ven los demás y sobre todo lo que nos dicen los que están a nuestro alrededor. La mayoría de las veces ni siquiera nos damos cuenta del poder que esos comentarios tienen sobre nosotros.*

Quisiera que hoy descubras conmigo algo que yo descubrí desde pequeño en mis largas carreras: «Las palabras tienen poder». Poder para bendecir, como para maldecir. Poder para declarar lo bueno, como para declarar lo malo. En definitiva, las palabras son un canal, un vehículo que utilizamos para afirmar o rechazar nuestra identidad en Cristo Jesús.

El libro de Proverbios dice lo siguiente acerca de las palabras:

«La muerte y la vida están en poder de la lengua, y el que la cuida comerá de sus frutos».

Proverbios 18:21 RVR 1977.

Mi intención hoy es recordarte que Dios diariamente está declarando palabras de bendición sobre tu vida. Él te dice: «No eres lo que las circunstancias, el mundo, las personas, tus amigos y tus padres te han dicho». Quizás tu mente esté llena de palabras que te han dolido, marcado y que has creído. Palabras que no son necesariamente verdad, pero que penetraron tu mente y corazón. Estas «etiquetas» no son la verdad sobre quién eres. *Tú eres hijo e hija del Dios Todopoderoso que hoy te recuerda que está a tu favor, que está de tu lado. Dios está contigo y no hay nadie que te conozca como Él te conoce. Ha llegado el momento de que comiences a mirarte a ti mismo como Él te ve.*

> Las palabras son un canal, un vehículo que utilizamos para afirmar o rechazar nuestra identidad en Cristo Jesús.

Las circunstancias tienen voz y siempre hablan, pero yo quiero que sepas lo que Dios está diciendo sobre ti. La pregunta que hoy tienes que hacerte es: «¿qué y a quién estoy escuchando? ¿A quién voy a permitirle que defina quién soy? ¿A quién voy a darle ese poder? ¿Hay alguien que sea verdaderamente digno de tanta influencia sobre mi vida?».

Anímate a entender cómo te ve Dios

¿Eres consciente de lo que significa ser hijo de Dios y de lo que esto implica? Cuando pasamos por situaciones difíciles, tendemos a prestar atención a la magnitud del problema y pocas veces nos tomamos el tiempo de analizar nuestras reacciones. La manera en que abordamos cualquier obstáculo en la «carrera» de nuestra vida, tiene más que ver con nuestra identidad que con nuestras capacidades. Si sabes quién eres y tienes claro el propósito por el cual estás «corriendo la carrera», te puedes sentir cansado, experimentar dolores de todo tipo y quizás hasta escuchar que la gente anima a otros que están corriendo a tu lado, mientras que a ti nada.

Pero quiero que comprendas que todo eso que te está pasando no es tu identidad, son solo las circunstancias. *Tu identidad es definida por Dios.* Quiero que, a partir de hoy, puedas comenzar a verte como Dios te ve.

En Juan 1:12 encontramos una verdad irrefutable: «*...Pero a todos los que creyeron en él y lo recibieron, les dio el derecho de llegar a ser hijos de Dios*» (NTV). Es genial pensar que nuestro Dios nos ve como sus hijos e hijas. Dios nos llama herederos y herederas del reino de Dios. Nos dice que no estamos solos, que nunca nos ha dejado; que podemos confiar en Él y que de su mano los mejores momentos de la vida están por venir.

> Tu identidad es definida por Dios. A partir de hoy comienza a verte como Dios te ve.

Tengo dos hijos, Krystal, que tiene catorce años y Marcos que tiene diez. Está grabado en mi memoria el día en que vi a mi hija por primera vez en el hospital, en la ciudad de Houston. Yo estaba junto a mi esposa Elena y a mi suegra Miriam. Toda nuestra familia estaba esperando afuera porque iba a nacer la nena. Recuerdo la emoción que sentí al convertirme en papá; me sentí el hombre más increíble del universo. Yo sabía que mi hija iba a ser linda porque iba a salir a su papá (jajaja...). También sabía que ella tenía un propósito en esta tierra, porque Dios no nos trae al mundo sin un propósito. Desde que yo entendí que Jesús estaba al alcance de mi mano y disponible, supe que yo y los míos nacimos para adorar y que no tenemos otra opción más que hablar de esta esperanza que está a disposición de todo aquel que crea y reciba a Cristo Jesús como Señor y Salvador de su vida.

¡Ay cuánto quisiera que pudieras verte como papá Dios te mira! En ese hospital, yo recuerdo estar a los pies de mi esposa, viendo rayos y centellas, gente que entraba y salía, a Elena y a mi suegra orando mientras yo estaba temblando. Cuando de repente, salió esa niña y no sé qué sucedió, te soy honesto, pero fue como si algo se prendiera en el corazón, se encendió algo y nunca jamás volví a ver la vida igual. Algo sucedió cuando me pusieron esa niña en los brazos, estaba toda pegajosa, arrugada, la cabeza parecía un cono. ¡Padre de la gloria! ¡Los niños nacen feos! Pero con todo eso, cuando me pusieron a esa niña en los brazos, para mí era la cosa más bella del mundo, era pegajosa, pero tenía las mejores ligas de la historia, decía yo. Era chiquitita, pero la más bonita. Al rato me la quitaron, la envolvieron y se la llevaron para lavarla y examinarla. Cuando entró el doctor para examinar a Elena, de repente noté cómo mi atención estaba dividida entre las dos personas que yo más amaba en el mundo. Mi identidad cambió inmediatamente, pasé de ser Harold el que no sabía nada, a Harold el que daba su vida por alguien. Nunca jamás volví a ser el mismo, mi identidad cambió de repente. Esa niña se veía preciosa, ¡para mí era lo mejor de la historia de la humanidad!

Quisiera que hoy puedas tomar conciencia de cómo te ve Dios. A pesar de tus errores, a pesar de tu suciedad y arrugas, ¡entiéndeme! A pesar de todo lo que tú mismo ves mal, no hay nada ni nadie que pueda hacer que Dios no te siga viendo como su mejor idea. Tú eres parte del plan perfecto para esta tierra, *Dios te ve como el plan perfecto para que su gloria se manifieste en todo lugar para que todos sepamos que Él está disponible para darnos una nueva identidad en Cristo Jesús*. Este es el plan de Dios. ¡Qué genial es saber que Dios tiene un plan y que te incluye a ti! Así como eres y como estás, Dios te ama a pesar de que te conoce. Piensa en eso. Te lo voy a repetir, Dios te ama a pesar de que te conoce. Nadie te conoce mejor que quien te creó. Y aunque nos conoce íntimamente, decidió enviar a su hijo para pagar el precio necesario para que tú y yo podamos hoy recibir nuestra nueva identidad como hijos e hijas de Dios. *Dios no envió a su hijo a morir por hijos perfectos, sino por hijos que pueden ser perfeccionados a través de Cristo Jesús. Dios no envió a Jesús a morir por hijos justos, sino por hijos que están siendo justificados a través de la fe en la obra de Jesús en la cruz. Tampoco lo envió a hijos santos, sino a hijos que están siendo santificados a través de la obra del Espíritu Santo.*

> ¡Qué genial es saber que Dios tiene un plan y que te incluye a ti! Así como eres y como estás.

Oro para que Dios te revele que eres heredero del reino de los cielos y, por lo tanto, puedas caminar victorioso sabiendo que Dios nunca te ha dejado y que nunca te dejará.

Es fundamental que puedas entender qué implicaciones tiene esta nueva identidad que Dios te ha dado. Quisiera que juntos exploremos tres simples claves, para que puedas tomar conciencia y dimensión del plan de Dios para tu vida.

Tu verdadera identidad

Todos nacemos con una identidad, todos tenemos una identidad. Nuestra identidad define cómo nos sentimos, cómo hablamos y hasta cómo caminamos. Es sumamente importante que comprendas quién eres verdaderamente. ¡Debes conocer tu propósito! Cuando entregamos nuestra identidad a Dios entendemos nuestro propósito en Cristo. El problema es que muchos de nosotros no sabemos cuál es nuestro propósito en Él. Ya lo dije algunas veces, pero déjame repetirlo una vez más: «¡Fuimos creados para adorar! Nuestro propósito es dar gloria a Dios en cada área de nuestra vida y en todo lugar en donde estemos». Este es un concepto ajeno a muchas personas, porque cuando hablamos de adorar a Dios muchos piensan que eso solo sucede cuando estamos en la iglesia y cantamos una canción. Pero la Biblia nos enseña que adoramos a Dios en todo, y a través de todo lo que hacemos. Algunos adoramos a Dios

> Cuando entregamos nuestra identidad a Dios entendemos nuestro propósito en Cristo.

a través de nuestras canciones, otros atendiendo enfermos en un hospital. Una maestra adora a Dios enseñando en una escuela y un investigador encontrando la cura para enfermedades que hasta hoy no tienen cura. Al fin y al cabo, hagas lo que hagas, todo puedes hacerlo para la gloria de Dios[7]. Si haces tacos, haz los mejores tacos de la historia, ¡para la gloria de Dios!

Todos tenemos una identidad, ¡y cuando entendemos que nuestra *verdadera* identidad está en Cristo Jesús, todo cambia! Hay personas en esta tierra que necesitan conocer esa identidad y hallar la esperanza; tú ya la has recibido y puedes compartir esa esperanza de vida que viene solo a través de Cristo Jesús, al entender que Jesús sigue vigente, que Él sigue siendo el único que da esperanza eterna.

Te quiero contar la historia de un joven que entendió cuál era su verdadera identidad más allá de su vida terrenal. Podríamos decir que fue el primer Uber de la historia. Muchos piensan que esa es una idea de hoy, pero para mí, en el libro de Samuel conocemos el primer *Uber eat* de la historia de la humanidad.

Había un hombre que tenía algunos de sus hijos lejos de su casa a los que necesitaba enviarles comida. Ellos se encontraban en otra parte del país junto al ejército israelita, defendiéndose de un ataque del ejército filisteo. El encargado de conducir el Uber con la entrega de comida era un muchacho, el más pequeño de la familia. Al llegar donde acampaba el

---
[7] «Trabajen de buena gana en todo lo que hagan, como si fuera para el Señor y no para la gente. Recuerden que el Señor los recompensará con una herencia y que el Amo a quien sirven es Cristo». Colosenses 3:23-24 NTV.

ejército se encontró con un desastre: había un gigante que, por semanas, había estado hablando mal del Dios Todopoderoso y aterrorizando al ejército israelita.

Ahora bien, lo más impactante de esta historia es que aunque este muchacho hubiera podido pensar que su identidad estaba íntimamente relacionada con lo que hacía y actuar en consecuencia, tuvo una reacción determinante frente a semejante situación digna de admiración. Este joven llamado David, *al mirar el desafío que se presentaba delante de él tomó la decisión de recordar su verdadera identidad.* Él sabía muy bien que era hijo de Dios. Se enfocó en su experiencia personal con Dios sabiendo que, así como Él lo había acompañado en sus luchas contra las bestias que intentaban atacar su rebaño (porque además de ser Uber y hacer envíos de comida a domicilio para sus hermanos también pastoreaba ovejas) de igual manera, este mismo Dios lo acompañaría en su lucha contra el maloliente filisteo gigante. David se enfrentó a Goliat, tomó unas piedras y utilizó el arma que estaba acostumbrado a usar para defender a su rebaño cuando los osos y los leones se hacían al ataque, «una simple honda». Fue suficiente un solo tiro para derribar al gigante que amedrentaba a todo un ejército. La piedra logró evadir todos los dispositivos de protección y defensa que vestía Goliat, a tal velocidad que se incrustó en el único lugar donde su armadura no lograba protegerlo, un pequeño hueco en su frente. Esta temible deformidad humana cayó a tierra. David corrió rápido hacia él, tomó su espada y le cortó la cabeza. Así fue como Dios libró al ejército de Israel de su gran afrenta, con «el chico de los mandados». Para la gente de su época y para los que estaban a su alrededor, David era el Uber del momento, «el chico de los mandados». Hoy hablamos del rey David y de cómo mató al gigante, todos conocemos la historia. Pero en ese momento, sus mismos hermanos le dijeron: «... Pero si a ti ni siquiera te queda la armadura, regrésate allá con las ovejas, esa es tu identidad». ¡Qué fácil hubiera sido para David victimizarse o adoptar esa etiqueta de «Uber o pastorcito de ovejas»! David sabía en lo más íntimo, que había nacido para ser rey, que había sido ungido para eso y que a su tiempo Dios haría lo que le había prometido.

A su tiempo Dios va a hacer lo que te dijo que va a hacer, porque Dios siempre cumple sus promesas, ¡y está a tu favor! Dios no te mira como lo hace la gente, te mira a través de la sangre de Jesucristo. ¡Levanta tu cabeza! ¡Tú eres hijo, eres hija de un Dios único y Todopoderoso! Si Dios habló y declaró cuál es tu verdadera identidad, entonces Dios lo cumplirá.

> A su tiempo Dios va a hacer lo que te dijo que va a hacer, Él siempre cumple sus promesas, ¡y está a tu favor!

¿Estás escuchando y mirando con atención a la magnitud de tus circunstancias o a la grandeza de tu Dios? Esa es una decisión que tienes que tomar frente a todo gigante que se presente a desafiarte. Goliat se burló de Dios, del pueblo de Dios y maldijo a ambos. *David escuchó los insultos y tomó la decisión de enfocar su mirada en la grandeza de Dios en lugar de creer las palabras denigrantes del gigante y de sus hermanos.* Antes de seguir leyendo, quisiera animarte a que analices si estás permitiendo que las circunstancias, los «gigantes», tus «hermanos» y tu identidad terrenal, se sobrepongan a tu identidad en Cristo. ¿Quién define quién eres? La voz que decidas escuchar será la que prevalecerá.

Cambia el tono y vive una vida de agradecimiento

Cada día tenemos una nueva oportunidad para decidir cómo vamos a correr nuestra carrera. ¿Sabes cómo Dios decide comenzar su día? ¡Renovando su misericordia, su bondad y fidelidad hacia nosotros! ¡Qué Dios magnífico tenemos! Piensa en cómo Él decide y comienza su día, dándonos una nueva oportunidad. Muchas veces ni siquiera nosotros mismos nos damos una nueva oportunidad. Vivimos en el pasado, mirando nuestros errores y fracasos. Comenzamos la carrera con negatividad: «¡Qué mal dormí! ¡Me duele la espalda! ¡Ay otra vez tengo que apagar la alarma! ¡A trabajar otra vez!». ¿Qué tal si empezáramos cada día de nuestra vida dando gracias? Solo intenta esto, mañana, aunque te duela la espalda di: «¡qué buen día para estar vivo!, ¡gracias Dios!». «¡Qué bueno!, funcionó la alarma y no voy a llegar tarde, ¡gloria a Dios! ¡Gracias Jesús!». Súbete a ese carrito viejo y ¡dale gracias a Dios! ¡Es viejito, pero es mío! Mira a tu marido y di: «Viejito ¡pero mío también!». ¡Sé agradecido con Dios! No permitas que el tono de voz dentro de tu cabeza sea un tono de negatividad, ¡no te lo permitas! A pesar de las circunstancias, recuerda que tu circunstancia no determina quién eres, eso se determinó en la cruz del Calvario. ¡Piénsalo por favor! Tu circunstancia no define quién eres; fue Jesús quien determinó tu identidad cuando te hizo más que vencedor. Dios pensaba en ti cuando pensaba en cómo iba a compartir la Buena Noticia del evangelio. Tú eres hijo e hija de un rey y tienes un propósito eterno: que quienes están a tu alrededor descubran gracias a ti, que tienen esperanza en esta tierra.

Cada mañana tenemos una nueva oportunidad de experimentar la gracia y las bondades de Dios. La Biblia dice en Lamentaciones 3:23-24 NTV: «*Grande es su fidelidad; sus misericordias son nuevas cada mañana. Me digo: 'El Señor es mi herencia, por lo tanto, ¡esperaré en él!'*». Otra versión (NVI) dice: «*Cada mañana se renuevan sus bondades; ¡muy grande es su fidelidad! Por tanto, digo: 'El Señor es todo lo que tengo. ¡En él esperaré!'*».

> Tu circunstancia no define quién eres; fue Jesús quien determinó tu identidad cuando te hizo más que vencedor.

En el tiempo que dedico a la preparación del sermón dominical, siempre pregunto al Señor qué es lo que tengo que decir a las personas que vienen a buscar una palabra fresca de Dios. Yo necesito a Dios para dar lo mejor de mí, a pesar de mí. ¿Sabes qué me ayuda? Mantener la perspectiva. Yo tengo bien claro quién era antes de conocer a Dios. Entiendo dónde estoy y estoy apasionado por dónde voy. Lo sé en mi corazón. Comprendo firmemente que mi vida es el resultado de decir: «¡Vamos a ver si esto funciona!». Porque yo no tengo todas las respuestas para arreglármelas por mí mismo, pero he determinado decir: «Señor, hágase tu voluntad a pesar de mí». De esa manera mi identidad se convierte en alguien que ama a su esposa, que respeta a sus hijos, que respeta a sus suegros, a su padre y a su madre. Es así cómo puedo honrar a la gente que abrió una brecha para que nosotros podamos estar donde estamos, aún a pesar de nosotros mismos.

Tú también tienes esta oportunidad cada día. Todas las mañanas, cuando Dios renueva su misericordia sobre tu vida, puedes decir lo mismo que dijo el autor del libro de Lamentaciones. Puedes hablarte a ti mismo y decir: «El Señor es todo lo que tengo. ¡En él esperaré!»[8]. Puedes tomar la firme decisión de confiar en que lo malo que hiciste ayer, hoy no cuenta. Que Dios es tu todo y que pacientemente esperarás que Él haga su obra en tu vida.

¡Es Dios quien puede cambiar tu identidad! ¡Dios puede cambiar tu historia! ¡Su misericordia y amor funcionan! Cuando la perspectiva dentro de nuestra cabeza y corazón empieza a cambiar, comenzamos a caminar en libertad. Cuando el tono dentro de mi cabeza cambió a través de descubrir que: «... *cada mañana sus misericordias son nuevas*», descubrí que hoy tengo otra oportunidad de no hacer lo que hice ayer. Empecé a entender que la gracia de Dios demanda más de mí que la ley o las reglas sobre cómo ser una buena persona. La gracia (este regalo no merecido) es su perdón que nace de su amor por mí. Su gracia demanda más santidad de mí, demanda todo de mí. Es su gracia la que me cambió y me cambia cada día en lo más profundo de mi ser. *Es recibir su amor infinito y comprender que soy amado y aceptado a pesar de mí mismo.* Su bondad me enseña a caminar buscando vivir en santidad y decidiendo caminar en libertad cada día. Este es el motivo por el cual es clave que comprendas cuál es tu identidad como hijo e hija de Dios.

> La gracia de Dios demanda más de mí que la ley o las reglas sobre cómo ser una buena persona.

---

[8] Lamentaciones 3:24

Yo entiendo que a muchas personas les han presentado un Dios que está lejos, allí en su trono, apuntándonos con el dedo acusador listo para juzgarnos. Un policía cósmico que mira desde lejos para juzgar cada una de nuestras obras e intenciones. Pero no hay nada más lejos de la verdad que ese pensamiento. Dios no te busca para juzgarte, te busca para salvarte, amarte, para mostrarte su bondad, su misericordia y fidelidad cada mañana. Cambia el tono con el que te hablas y con el que piensas que Dios te habla y comienza a vivir una vida de agradecimiento basada en la experiencia de una relación diaria y fluida con Dios en cualquier hora, en cada momento y en todo lugar.

> Dios no te busca para juzgarte, te busca para salvarte, amarte, para mostrarte su bondad, su misericordia y fidelidad.

Acepta la perspectiva de Dios

Fuiste creado extraordinariamente complejo, completo, tal y como eres por el mejor artista creativo y diseñador de la historia. El mismo Dios que creó los mares y las estrellas, que hizo las montañas y los valles, pensaba en ti desde el Edén cuando con un soplo, dio vida al polvo y creó al hombre a su imagen y semejanza. Es clave que comprendas muy dentro de ti que esta es la forma en la que Dios te ve y que esta es tu identidad en Dios. Tú llevas dentro de ti, el soplo de vida del aliento de Dios. No eres producto de un error, ni eres producto de una circunstancia difícil o de la casualidad. Tampoco eres lo que el mundo ha determinado que eres. Desde el principio de la humanidad ya eras parte del plan perfecto de Dios para este mundo. Eres hijo e hija del rey, nacido con un propósito: adorar y exaltar al mismo Dios que te dio la vida; caminar triunfante en la tierra alcanzando la vida plena y abundante que solo Jesús te puede dar.

Si has abierto tu corazón a Cristo, su Espíritu está depositado dentro de ti y como consecuencia, el fruto del Espíritu de Dios será evidente en tu vida. En Gálatas 5:22-23, encontramos la maravillosa perspectiva de Dios:

> El cambio en nuestras vidas surgirá natural y orgánicamente como consecuencia de una relación personal con Dios.

«... *el fruto del Espíritu es amor, alegría, paz, paciencia, amabilidad, bondad, fidelidad, humildad y dominio propio. No hay ley que condene estas cosas*».

El cambio en nuestras vidas surgirá natural y orgánicamente como consecuencia de una relación personal con Dios. No será el fruto de tu esfuerzo humano, o por «ser bueno». Tú y yo sabemos que por más que lo intentemos, nos es imposible vivir así. Cuando Dios sopla vida en nosotros y su Santo Espíritu viene a vivir dentro de nuestro corazón sucede algo increíble en el ser interior. En palabras de Jesús mismo: «... *pero cuando venga el Espíritu de verdad, él os guiará a toda la verdad...*» (Juan 16:13). Es el Espíritu de Dios mismo quien nos enseña y nos guía a reconocer nuestra verdadera identidad. *Saber quiénes somos nos lleva a actuar de acuerdo con nuestra identidad.* En ese momento nuestros planes en la tierra se alinean con los planes de Dios en el cielo y nos convertimos en un canal de transformación y vida a donde sea que vayamos. Nuestro cuerpo se vuelve una extensión del cuerpo de Cristo para bendecir, sanar y restaurar a un mundo que necesita desesperadamente reconciliarse con su Creador. Todo lo que hacemos nace de esta nueva identidad en Cristo. Este pensamiento es revolucionario. No hay ley en esta tierra contra el fruto de una relación verdadera, sincera y directa con nuestro Padre celestial[9].

Recuerda que Dios te ama a pesar de que te conoce y que nadie te conoce mejor que quien te creó. ¡Acepta tu nueva identidad! ¡Anímate a entender cómo Dios te ve! Cambia tu perspectiva, cambia el tono con el que te estás sintonizando cada día y comienza a vivir agradecido por la obra que ya ha comenzado en ti, teniendo por seguro que quien comenzó la obra la perfeccionará en tu vida[10]. El apóstol Pablo describe magistralmente la perspectiva que adoptó en su «carrera de la vida»:

> *«No quiero decir que ya haya logrado estas cosas ni que ya haya alcanzado la perfección; pero sigo adelante a fin de hacer mía esa perfección para la cual Cristo Jesús primeramente me hizo suyo. No, amados hermanos, no lo he logrado, pero me concentro únicamente en esto: olvido el pasado y fijo la mirada en lo que tengo por delante, y así avanzo hasta llegar al final de la carrera para recibir el premio celestial al cual Dios nos llama por medio de Cristo Jesús».*
> Filipenses 3:12-14 NTV.

---

[9] «Mas el fruto del Espíritu es amor, gozo, paz, paciencia, benignidad, bondad, fe, mansedumbre, templanza; contra tales cosas no hay ley» Gálatas 5:22-23 RVR.
[10] Filipenses 1:6

Pablo era consciente de no ser perfecto, por eso decidió aceptar su nueva identidad como hijo de Dios y concentrarse en estos 4 objetivos:

1. Olvidar el pasado.
2. Fijar la mirada en el futuro de esperanza que tenía por delante.
3. Avanzar hasta llegar al final de la carrera.
4. Recibir el premio celestial al cual fue llamado por Dios.

¿Recuerdas mi carrera de Cross Country en la preparatoria? Todavía no sabía de memoria este versículo de la Biblia que escribió el apóstol Pablo, pero en mi interior vivía (y vive) el mismo Espíritu que inspiró al apóstol. Él me decía: «¡Corre Harold! ¡Vamos, ya falta poco! ¡Pon tu mirada en la meta, no pienses en el esfuerzo que has hecho hasta este momento! Es hora de tomar nuevas fuerzas para cruzar la línea final». Mi cuerpo recibió esa energía extra que surgió de mi interior, mis piernas aceleraron el paso, mi mirada se enfocó exclusivamente en la llegada y terminé mi carrera.

Quizás te estés preguntando: «¿Pero ganaste la carrera? Dime que al menos terminaste segundo, tercero… o que lograste subir al podio». Y ese es el punto al que precisamente quería llegar con mi historia. El Apóstol Pablo nos enseña a ver la vida como una gran carrera, una larga maratón. No se trata de un tramo corto de cien metros planos que debes correr a toda velocidad, sino de un largo trayecto que recorremos desde el día en que recibimos a Cristo y nacemos de nuevo, hasta el momento en que exhalamos nuestro último suspiro para encontrarnos con Él. Cada hijo de Dios debe correr su propia carrera, sin mirar ni compararse con la carrera que está corriendo quien está a su lado. Todos formamos parte de un mismo plan, y a la vez, cada uno de nosotros está corriendo una carrera diferente, específica, adecuada y acondicionada para sacar lo mejor de nosotros.

> Cada uno de nosotros está corriendo una carrera diferente, específica, adecuada y acondicionada para sacar lo mejor de nosotros.

«De este modo, todos llegaremos a la unidad de la fe y del conocimiento del Hijo de Dios, a una humanidad perfecta que se conforme a la plena estatura de Cristo».

Efesios 4:13 NVI.

Esta gran maratón de la vida se gana un día a la vez. Corre tu carrera concentrado únicamente en tu verdadera identidad en Cristo y comienza a saborear la victoria final con la identidad de un ganador.

Resumen del capítulo 3:

Dios está disponible para darte una nueva identidad

- La mente es la madre de todas las batallas. Aquel pensamiento que logre posicionarse, gobernará primeramente tus emociones, luego tus acciones.

- «Las palabras tienen poder». Poder para bendecir y para maldecir. Poder para declarar tanto lo bueno, como lo malo. En definitiva, las palabras son un canal, un vehículo que utilizamos para afirmar o rechazar nuestra identidad en Cristo Jesús.

- Dios diariamente está declarando palabras de bendición sobre tu vida. Él te dice: «No eres lo que las circunstancias, el mundo, las personas, tus amigos y tus padres te han dicho». Tú eres hijo e hija de un Dios Todopoderoso que hoy te recuerda que está a tu favor, que está de tu lado. Ha llegado el momento de que comiences a mirarte a ti mismo como Él te ve.

- ¿Quién define quién eres? ¿Las circunstancias, los gigantes, quienes están a tu alrededor o Dios? La voz que decidas escuchar será la que prevalecerá.

- No hay nada ni nadie que pueda hacer que Dios no te siga viendo como su mejor idea. Así como eres y como estás, Dios te ama a pesar de que te conoce.

- «¡Fuimos creados para adorar! Nuestro propósito es dar gloria a Dios en cada área de nuestra vida y en todo lugar en donde estemos». Adoramos a Dios en todo y a través de todo lo que hacemos.

- ¿Sabes cómo decide comenzar su día Dios? ¡Renovando su misericordia, su bondad y fidelidad hacia nosotros! Muchas veces ni siquiera nosotros mismos nos damos una nueva oportunidad. Vivimos en el pasado, mirando nuestros errores y fracasos. Cambia el tono con el que te hablas y con el que piensas que Dios te habla y comienza a vivir una vida de gratitud.

- Saber quiénes somos nos lleva a actuar de acuerdo con nuestra identidad. En ese momento nuestros planes en la tierra se alinean con los planes de Dios en el cielo y nos convertimos en un canal de transformación y vida a donde sea que vayamos.

- La vida cristiana no se trata de un tramo corto de cien metros llanos que debes correr a toda velocidad, sino de un largo trayecto que recorremos desde el día en que recibimos a Cristo y nacemos de nuevo, hasta el momento en que exhalamos nuestro último suspiro para encontrarnos con Él.

- Esta gran maratón de la vida se gana un día a la vez. Corre tu carrera concentrado únicamente en tu verdadera identidad en Cristo y comienza a saborear la victoria final con la identidad de un ganador.

Versículo clave:

«*Mas a todos los que le recibieron, a los que creen en su nombre, les dio potestad de ser hechos hijos de Dios*».
1 Juan 1:12 RVR 1960.

Reflexión personal:

- ¿Cuál es la voz que estás escuchando y que está definiendo tu identidad?

- ¿Cómo puedes correr la carrera de la vida conforme a tu nueva identidad en Cristo Jesús?

- Determina cuál es tu gigante a vencer y comienza a declarar estas promesas de vida cada día.

Promesas de vida:

«*Pero cuando venga el Espíritu de verdad, él os guiará a toda la verdad; porque no hablará por su propia cuenta, sino que hablará todo lo que oyere, y os hará saber las cosas que habrán de venir*». Juan 16:13 RVR 1960.

«*Y todo lo que hagáis, hacedlo de corazón, como para el Señor y no para los hombres; sabiendo que del Señor recibiréis la recompensa de la herencia, porque a Cristo el Señor servís*».
Colosenses 3:23-24 RVR 1960.

«*Pues ustedes han muerto a esta vida, y su verdadera vida está escondida con Cristo en Dios*». Colosenses 3:3 NTV.

«... y ustedes pertenecen a Cristo, y Cristo pertenece a Dios».
1 Corintios 3:23 NTV.

«Porque nuestra ciudadanía está en los cielos, de donde también ansiosamente esperamos a un Salvador, el Señor Jesucristo».
Filipenses 3:20 NBLA.

«Pues todos ustedes son hijos de Dios por la fe en Cristo Jesús. Y todos los que fueron unidos a Cristo en el bautismo se han puesto a Cristo como si se pusieran ropa nueva». Gálatas 3:26-27 NTV.

«En cambio, dejen que el Espíritu les renueve los pensamientos y las actitudes. Pónganse la nueva naturaleza, creada para ser a la semejanza de Dios, quien es verdaderamente justo y santo».
Efesios 4: 23-2 NTV.

«Pues somos la obra maestra de Dios. Él nos creó de nuevo en Cristo Jesús, a fin de que hagamos las cosas buenas que preparó para nosotros tiempo atrás». Efesios 2:10 NTV.

CAPÍTULO CUATRO

Dios está disponible para darte seguridad a través de sus promesas

«Las tormentas son oportunidades para ver la mano de Dios obrar milagrosamente. Él va con nosotros para atravesar las tormentas y mostrarnos que Él cumple Sus promesas».

Marcos Witt.

E s mi más profundo deseo que Dios sea tu fuente de esperanza. Clamo a Dios para que te llene de alegría y completa paz. El desafío que tienes ahora por delante como hijo de Dios es *aprender a confiar en Él en toda circunstancia*. No importa lo que estés viviendo, no importa lo que te toque atravesar, aprende a confiar en el amor eterno de un Dios que está presente y disponible en todos los momentos de tu vida. Solo así podrás rebosar de una *esperanza segura* mediante el poder del Espíritu Santo que obra en ti.

Jesús nos advirtió que en el mundo íbamos a enfrentar tribulaciones y presiones[11], pero que esto no tenía que hacer-

---

[11] «Les he dicho todo lo anterior para que en mí tengan paz. Aquí en el mundo tendrán muchas pruebas y tristezas; pero anímense, porque yo he vencido al mundo». Juan 16:33 NTV.

nos dudar de su amor sino todo lo contrario, animarnos porque Él ya venció al mundo.

En nuestro camino espiritual enfrentaremos esta dicotomía muchísimas veces. Son justamente esos momentos de dificultades y conflicto, los que Dios utiliza para desarrollar nuestro hombre interior, a fin de prepararnos para todo lo que Él tiene por delante. Las circunstancias externas van a presionar y tratarán de poner a prueba nuestra confianza en Dios. Nuestra fe también será probada, una y otra vez.

Me gusta pensar que las situaciones contrarias que vivimos en la vida son en realidad *oportunidades* que se nos presentan *para poder descubrir, conocer y experimentar personalmente al Dios de milagros*. Yo soy un testimonio vivo de que *Dios está disponible para hacer milagros en nuestras vidas cuando decidimos confiar en su poder*. Cuando aprendemos a confiar en Dios, Él se convierte en nuestra fuente de esperanza y podemos enfrentar la vida sin temor. Esto es lo que la Biblia llama «rebosar de esperanza segura».

Si lo pienso, toda mi vida es un testimonio continuo de milagros. Mi mamá me cuenta que, al nacer, el trabajo de parto fue bastante difícil y por las complicaciones, el médico me tuvo que jalar fuertemente. Esto causó un problema de dislocación en mis caderas. De hecho, durante los primeros seis meses de mi vida tuve una barra de hierro puesta para mantener la posición correcta de mis piernas y cadera, hasta que sanaran correctamente. Mi mamá hizo todo lo que los médicos le dijeron que hiciera, pero con todo esto, igualmente nunca le dieron esperanza de que fuera a caminar o de que pudiera hacerlo correctamente. En pocas palabras, le advirtieron que se preparara a enfrentar la vida con un niño con problemas para caminar. Pero mi madre no se quedó de brazos cruzados. Ella conocía a un Dios de milagros y puso su fe en acción. Tanto fue así, que terminé corriendo y jugando fútbol en la preparatoria. Pero eso no fue todo, gracias a mis habilidades deportivas obtuve una beca para mis estudios universitarios. ¿Puedes creerlo? El niño al que todos le decían que ni siquiera iba a poder caminar correctamente, fue quien se convirtió en atleta y estudió con una beca en la universidad, contra todo pronóstico y diagnóstico. Este fue el primer milagro que pude experimentar en mi vida, seguido de otro igualmente impactante.

A los 16 años, un día mientras entrenaba para jugar fútbol en la escuela, comencé a sentir un fuerte dolor en uno de mis testículos. El dolor fue rápidamente en aumento, seguido de una inflamación. Preocupado por el fuerte nivel de dolor que experimentaba, le pedí a mi madre que me llevara de urgencia al hospital. El dolor que sentía era insoportable. Los médicos corrían por todos lados haciendo chequeos y buscando opiniones de especialistas para entender qué estaba pasando. Luego de que me ingresaran en una máquina para realizar un estudio especial, el doctor pidió hablar con mi mamá en inglés para darle el diagnóstico. Como mi mamá no entendía mucho, tuve que traducirle. Así que imagínate estar descubriendo a los 16 años, mientras le traduces a tu mamá todo lo que el doctor dice, que tienes una masa cancerígena creciendo en tu testículo y que te iban a tener que operar lo antes posible.

Al rato, me llevaron a la oficina del oncólogo especialista, quien realizó una revisión todavía más exhaustiva que la anterior y nos dijo que iban a tener que hacerme más pruebas, pero que seguramente era cáncer y que iba a tener que someterme a un tratamiento bastante fuerte.

Luego de realizar estudios de todo tipo, inmediatamente decidieron someterme a un primer tratamiento de quimioterapia. ¡Fue horrible! Yo recuerdo que sentía como si me estuviera corriendo veneno por la sangre. Era algo físicamente intolerable. Mi mamá y yo no parábamos de llorar. Recuerdo que en ese momento solo tenía fuerzas suficientes para decirle: «No quiero hacer esto, me hace sentir muy mal». Ella sentía tanto dolor como yo. Me veía sufrir y no podía hacer nada para aliviar mi dolor. Y al mismo tiempo, sabía que no teníamos los medios económicos necesarios para enfrentar todo el tratamiento que tendría por delante.

Así fue como ese día, allí mismo en el hospital, me tomó de los brazos y oró por mí. Esa oración marcó mi vida. Los dos lloramos y ella me entregó por completo en las manos de Dios. En su oración reconoció que ella no podía hacer nada y que dependíamos completamente de Dios. Sus palabras fueron estas: «Dios mío, este hijo es tuyo, te pertenece a ti, yo te entrego este hijo que me diste. Yo lo amo, pero sé que no puedo hacer nada para que se sane, te ruego que tú lo sanes o que lo lleves contigo, porque es terrible verlo sufrir así». Mi madre y yo recordamos vívidamente este momento de entrega completa y absoluta en las manos de Dios.

Dios está disponible en el valle de sombra y de muerte

En la vida enfrentamos momentos de dolor y desesperación, en los cuales no tenemos otra alternativa más que reconocer nuestra debilidad e incapacidad para resolver un problema de vida o muerte. Nos damos cuenta de nuestra fragilidad y total dependencia de una intervención divina, «un milagro» para poder seguir adelante. Es posible que en este mismo momento tú o alguien a quien amas o conoces esté pasando por algo similar. Quizás tengas un desafío por delante que humanamente hablando no tiene solución. No temas, no te desesperes, pon tu fe y esperanza completa en Dios. Mi experiencia personal me permite animarte en este momento a tomarte de la mano de Jesús para transitar el valle de sombra y de muerte que te toca recorrer. Sé que lo que estás viviendo es difícil, pero te aseguro que no encontrarás un mejor amigo, un mejor compañero, un mejor guía para transitar esta situación que Jesús. Él conoce cada centímetro de ese valle, conoce cada piedra, cada sombra, cada barranco. En el libro de Isaías hay un pasaje que expresa esta idea de confianza con las siguientes palabras:

> «… *No temas, porque yo te redimí; te puse nombre, mío eres tú. Cuando pases por las aguas, yo estaré contigo; y si por los ríos, no te anegarán. Cuando pases por el fuego, no te quemarás, ni la llama arderá en ti*».
> Isaías 43:1b, 2 RVR 1960.

¡Qué promesa maravillosa! Dios no nos está diciendo que en la vida todo nos va a ser fácil. Enfrentaremos desafíos, pruebas y dificultades, pero tenemos la *plena seguridad* de que somos suyos. Le pertenecemos a este maravilloso Dios de milagros, al eterno Dios de poder. Tenemos un nombre, una identidad como hijos de Dios y una garantía especial en Jesús que nos libra de todo temor. Aunque tengamos que enfrentar algo tan extremo como la muerte, sabemos que Él va a estar con nosotros. No hay nada que temer, no hay sufrimiento que Él no conozca. Por amor a nosotros venció a la muerte y nos regaló vida eterna. Nos llenó el corazón de una esperanza segura en sus brazos.

> Aunque tengamos que enfrentar algo tan extremo como la muerte, sabemos que Dios va a estar con nosotros.

Quisiera que permitas al Espíritu Santo que obre en tu vida. Permite que tu tanque de fe comience a llenarse al leer este testimonio. Quiero contarte de qué manera Dios me tomó de su mano y me infundió ánimo cuando todo parecía estar perdido. Cuando yo me sentía asustado, adolorido y angustiado, Dios utilizó la vida de distintas personas para darme una palabra de esperanza. Ese viernes por la noche, mientras estaba internado, un pastor que no conocía entró en mi habitación y me dio una palabra de fe a través de un salmo. Al otro día, un hermano de la iglesia pasó por el hospital a visitarme y me dio la misma palabra que el día anterior me había dado el pastor. El lunes, otra persona pasó por mi habitación y me habló sobre el mismo salmo. Cuando llegó mi mamá le comenté lo que me venía sucediendo: «... Mamá, ¿puedes creer que tres personas han entrado en mi habitación y me han compartido el mismo pasaje de la Biblia?». Mi mamá me miró fijo con una fe tremenda y me dijo: «¡Hijo, esto es confirmación para su vida! ¡Dios está diciéndole que usted se sana y que todo va a estar bien!».

Al poco tiempo de haberle contado a mi madre lo sucedido, me hicieron regresar a casa para que siguiera el tratamiento desde allí. Tenía que tomar unas pastillas que me hacían sentir malísimo. Me tenía que quedar quieto y no hacer nada porque sentía como que me estaba quemando el cuerpo por dentro. El malestar era tal que ni siquiera podía dormir. Yo sentía que esas pastillas me estaban matando en lugar de curarme, así que a los veinte días de ese tratamiento le dije a mi madre que ya no quería tomar nada, no daba más.

> En medio del dolor Dios puede usar muchas maneras de darnos una palabra de esperanza.

Ante esta situación, mi familia se reunió en la sala de estar, me pusieron en medio y comenzaron a orar por mí. Oraron pidiéndole a Dios que se hiciera su voluntad en mi vida. Ellos notaban que constantemente desde mi nacimiento, yo estaba pasando por pruebas que afectaban mi cuerpo. Esa noche mi hermana nos instó a que confiáramos plenamente en Dios, y que ya no pidiéramos más por sanidad, sino que comenzáramos a agradecer a Dios por la sanidad. «Ya no más llanto y oraciones pidiendo sanidad, de hoy en adelante comenzaremos a agradecerle a Dios por su milagro en la vida de Harold». A partir de ese día, todos los días le dimos gracias a Dios por la vida, por la salud y por todas las cosas buenas que había hecho y que iba a seguir haciendo en nuestra familia. Comenzamos a declarar palabras de vida, fe y agradecimiento sobre nosotros.

Yo decidí no tomar más la medicina, y poco a poco comencé a sentirme mejor. En esos días tenía que regresar al hospital para realizar nuevos estudios y para ver cómo estaba procediendo el tratamiento. Cuando vimos al médico, me preguntó cómo me sentía y cómo estaba. Yo le respondí que me sentía bien y luego de realizar los estudios correspondientes el médico vino a verme con el rostro iluminado, feliz. Desconcertado nos preguntó qué habíamos hecho porque ¡ya no había cáncer! «¡El cáncer se ha ido, desapareció por completo!». Ahí mismo, delante del médico comenzamos a darle gloria a Dios. Le contamos que yo había dejado la medicina, que habíamos orado pidiendo un milagro y que cada día agradecíamos a Dios confiando en que me iba a sanar por completo.

El médico se quedó asombrado y reconoció nuestra fe. Acto seguido, nos dijo que aunque ya no se veía nada teníamos que seguir haciendo los chequeos continuamente para asegurarnos de que no regresara. Nosotros escuchamos el consejo médico y seguimos haciendo los estudios por dos años. ¡El cáncer nunca más regresó a mi vida! Cuando Dios hace un milagro lo hace por completo y lo hace perfecto.

Como seguramente recuerdas haber leído anteriormente, nuestra familia no tenía recursos económicos, pero tenía a un Dios proveedor que siempre estuvo disponible para nosotros y nunca nos desamparó. *No teníamos respuestas frente al dolor y el sufrimiento por el que estábamos pasando, pero Dios nunca nos soltó la mano.* No compren-

> Cuando Dios hace un milagro lo hace por completo y lo hace perfecto.

díamos por qué Dios permitía que el cáncer se enseñoreara de mi cuerpo, pero, ¿habría sido posible que experimentáramos a este Dios de milagros de alguna otra manera? Nosotros no teníamos la respuesta y aún hoy no la tenemos. Pero tenemos a un Dios de milagros y de poder que sí las tiene y, aún más, Él es la respuesta a todas nuestras preguntas. A su tiempo, recibirás la respuesta que tu vida está necesitando. En palabras de otro profeta del Antiguo Testamento:

> «Ya te he presentado mi queja, y ahora voy a estar muy atento; voy a esperar tu respuesta».
>
> Habacuc 2:1 TLA.

Espera en Dios; espera con paciencia la respuesta de Dios. La Biblia nos cuenta que el profeta Habacuc estaba desconcertado. Luchaba en su interior y se preguntaba: «¿Cómo es posible que Dios sea bueno cuando hay tanta maldad en el mundo?». Habacuc expresó su lamento delante de Dios, así como lo hicimos mi madre, yo y toda la familia. Nuestra oración fue una oración sincera. La Biblia no nos enseña a reprimir nuestras emociones y dudas, sino a presentarlas delante de Dios. Es Él quien tiene la respuesta a todas nuestras preguntas; es Él quien conoce nuestro destino; es Él quien conoce el número de nuestros días. De hecho, Dios le dice a Habacuc que escriba la respuesta que le iba a mostrar porque sin duda esta iba a ocurrir:

> «Voy a darte a conocer
> lo que está por suceder.
> Escríbelo en unas tablas,
> para que se lea de corrido.
> Tardará un poco en cumplirse,

> *pero tú no te desesperes;*
> *aún no ha llegado la hora*
> *de que todo esto se cumpla,*
> *pero puedo asegurarte*
> *que se cumplirá sin falta».*
>
> Habacuc 2:2-3 TLA.

Y, es más, Dios reafirma a Habacuc diciendo lo siguiente: «¡*Mira a los orgullosos! Confían en sí mismos y sus vidas están torcidas. Pero el justo vivirá por su fidelidad a Dios*». Habacuc 2:4 NTV.

Es posible que no entiendas todo lo que te pasa. Es normal desalentarse, y a veces, hasta bajar los brazos. Pero Dios nos asegura que, aunque la respuesta a nuestro lamento se tarde, cuando sea el tiempo correcto, llegará. Ha llegado el tiempo de dejar nuestro orgullo de lado y confiar en Dios. Ha llegado el tiempo de confiar en que Dios cumplirá Su Palabra. Jesús todavía salva vidas, todavía sana y restaura corazones. Jesús aún hoy levanta al caído, y lo más importante, sigue estando a tu alcance y disponible aquí en la tierra a través de su Espíritu Santo.

La semilla de esperanza nos da seguridad en las promesas de Dios

Es posible que hoy estés pasando por circunstancias donde dices: «No tengo salida, ya no doy más, he perdido la esperanza». No te desesperes, aún no ha llegado la hora, espera con paciencia. Dios cumplirá su Palabra sin falta. Mira la promesa de esperanza segura que tenemos en Él:

«... Ahora han sido unidos a Cristo Jesús. Antes estaban muy lejos de Dios, pero ahora fueron acercados por medio de la sangre de Cristo. Ahora todos podemos tener acceso al Padre por medio del mismo Espíritu Santo gracias a lo que Cristo hizo por nosotros».

Efesios 2:13-18 NTV.

Tú tienes al Espíritu Santo dentro de ti para compartir el poder milagroso de Dios en esta Tierra. Camina confiadamente creyendo en el poder que se te ha entregado por la fe. ¡Confía! Dios no se ha olvidado de ti. La palabra que Él te dio no está muerta. Su Palabra opera en nosotros como una semilla. Cuando colocas una semilla en la tierra aparentemente no sucede nada. Pero sabemos que no es así. Si nuestro ser es buena tierra, esa Palabra que fue colocada en nuestro interior comenzará a germinar para echar raíces. Todavía es posible que en el exterior no se vea nada, sin embargo, en el interior de nuestro ser esa semilla ya está comenzando a crecer. Es solo cuestión de tiempo para que el trabajo invisible que la semilla está haciendo comience a asomar sus primeros tallos en la superficie. Si nuestro ser se convierte en un recipiente de tierra fértil preparada para recibir la Palabra de Dios, algo es seguro, «la semilla germinará, crecerá, llevará vida en sus ramas y dará mucho fruto».

> Si nuestro ser es tierra fértil, la semilla germinará, crecerá, llevará vida en sus ramas y dará mucho fruto.

En el ámbito espiritual, el proceso de sembrado es muy parecido al de enterrar algo. Aparentemente y ante nuestros ojos podríamos pensar que no pasa nada. ¿Pero que tal si pudiéramos ver con nuestros ojos lo que Dios está haciendo? ¡Si aprendiéramos a confiar y a mirar el proceso de siembra de la semilla de la fe con la misma esperanza con que un agricultor siembra sus semillas!

¿Acaso conoces a alguien que plante árboles? Dios no planta árboles, planta semillas. Dios nos ha dejado incontables semillas de fe y esperanza seguras en su Palabra. ¿Piensas que el agricultor se desanima porque no ve el resultado de su siembra inmediatamente? ¡Claro que no! Él tiene plena seguridad de que, si cuida ese campo y lo riega cada día, aunque no vea el resultado inmediatamente, a su debido tiempo, la semilla dará su fruto.

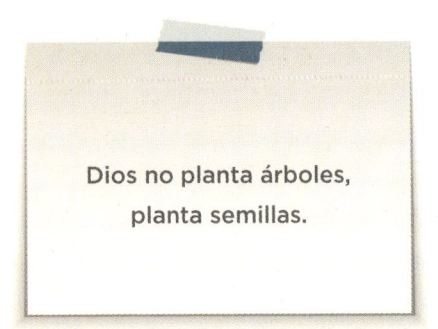

> Dios no planta árboles, planta semillas.

¿Por qué crees que Dios nos da este ejemplo una y otra vez en su Palabra? Creer y confiar en algo que no vemos no es fácil. Si así lo fuera, todos lo haríamos sin dudar. En Mateo 17:20 Jesús comparó la fe con una semilla de mostaza: «*Les aseguro que, si tuvieran fe tan pequeña como un grano de mostaza, podrían decirle a esta montaña: "Trasládate de aquí para allá", y se trasladaría. Para ustedes nada sería imposible*». Una semilla de mostaza es ínfima, pequeñísima, casi imperceptible. Ese es el tamaño de fe necesario para realizar grandes milagros. ¿Sabes por qué? Porque nuestro Dios es grande. *El tamaño de tu fe no importa, lo que importa es dónde (en quién) la depositas. Si en quien confías tiene el poder de realizar milagros, entonces, deposita tu semilla confiadamente.* Toma esta palabra, deja que entre en lo más profundo de tu corazón. Mira los árboles que hoy están a tu alrededor. Esos árboles un día fueron semillas. Recuerda que todo lo que ves en la naturaleza hoy, un día estaba concentrado en una ínfima semilla.

> Dentro de la Palabra de Dios tienes millones de semillas en potencia. Cada palabra tiene el potencial de un milagro.

Dentro de la Palabra de Dios tienes millones de semillas en potencia. Cada palabra tiene el potencial de un milagro. Cada promesa que Dios te ha dejado en su Palabra es una oportunidad, un milagro en potencia. Cada problema que enfrentas puede ser enterrado en la Palabra de Dios. Entrégaselo al Señor. Siembra semillas de esperanza en tu mente y corazón. Cuídalas, riégalas cada día. Espera con paciencia porque puedes tener la plena seguridad de que, aunque aparentemente nada esté sucediendo, aunque la respuesta se tarde, un día llegará.

> «Y sabemos que Dios hace que todas las cosas cooperen para el bien de quienes lo aman y son llamados según el propósito que él tiene para ellos».
>
> Romanos 8:28 NTV.

La palabra que Dios te dio no está muerta, está sembrada. Somos llamados a creer y a confiar en todo lo que Jesús nos promete en Su Palabra. El Espíritu de Dios se convierte en una fuente de poder accesible en nosotros las 24 horas del día. Cuando olvidamos esto, comenzamos a mirar nuestros problemas desde una perspectiva netamente humana, enfocándonos en nuestras limitadas capacidades en lugar de poner el foco en el poder sobrenatural ilimitado que vive dentro de nosotros. Ten siempre presente que el mismo poder que resucitó a Jesús de la muerte está ahora en tu interior mediante el Espíritu Santo. Esa verdad es suficiente para activar nuestra confianza en el Dios de lo imposible.

El Espíritu Santo vino a tu corazón para fortalecerte en esos momentos en que el mundo que te rodea intenta llenarte de inquietudes, temores e inestabilidad. El apóstol Pablo describe perfectamente la diferencia entre las circunstancias externas y la realidad que experimentamos en nuestro interior cuando vivimos con la esperanza segura de recibir poder de Dios a través del Espíritu Santo.

«Ahora tenemos esta luz que brilla en nuestro corazón, pero nosotros mismos somos como frágiles vasijas de barro que contienen este gran tesoro. Esto deja bien claro que nuestro gran poder proviene de Dios, no de nosotros mismos. Por todos lados nos presionan las dificultades, pero no nos aplastan. Estamos perplejos, pero no caemos en la desesperación. Somos perseguidos, pero nunca abandonados por Dios. Somos derribados, pero no destruidos».

2 Corintios 4:7-9 NTV.

> La situación temporal puede afectar cómo nos sentimos, pero no cambia quienes somos.

La luz que ha entrado en nuestros corazones es el conocimiento de la verdad, de la Buena Noticia. La realidad de la obra de Jesús en la cruz y el precio que Él pagó llevando nuestros pecados, es lo que permitió que la separación que existía entre nosotros y Dios quede anulada. Nosotros somos frágiles como una vasija de barro, pero el poder de Dios que vive en nosotros nos brinda la esperanza segura de que, aunque nos sintamos presionados, no seremos aplastados. La situación temporal puede afectar cómo nos sentimos, pero no cambia quienes somos. Solo el Espíritu de Dios tiene el poder de transformar nuestro interior y darnos la fuerza que necesitamos para superar las situaciones más difíciles que nos presenta la vida.

Aunque el mundo a nuestro alrededor nos deje perplejos y con la sensación de que no tenemos salida, no viviremos desesperados sin esperanza. Podemos ser perseguidos y rechazados por pensar y vivir de manera diferente, pero Dios nunca nos abandonará. Tampoco permitirá que las circunstancias nos destruyan; en vez de eso, nos dará el poder y la fuerza para enfrentar la dificultad. Este poder es el mismo que resucitó a Jesús de entre los muertos a la vida. Piensa en lo que acabas de leer. ¿Estás pasando por circunstancias difíciles? ¿Sientes que ya no puedes más? El Espíritu de Dios tiene poder para darte lo que necesitas a fin de que puedas superar toda dificultad. Si este poder resucitó a Jesús de la muerte, ¿crees que hay algo que no pueda hacer? ¿Acaso hay algo imposible para Dios?

La pregunta que tienes que hacerte hoy es: ¿cuál es ese imposible? ¿Cuál es la montaña que estás enfrentando? ¿Cuál es esa dificultad que tiene el potencial de poner la semilla de la fe en acción y de permitirte experi-

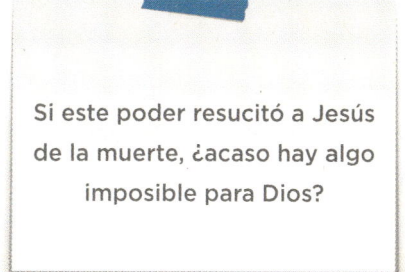

> Si este poder resucitó a Jesús de la muerte, ¿acaso hay algo imposible para Dios?

mentar al Dios de milagros? Te invito a que seamos prácticos. Así como Dios le pidió a Habacuc que escribiera la visión, yo te invito a que escribas el nombre de ese «imposible»:

Mi milagro en potencia es: _____
_____
_____
_____
_____
_____

Al final del capítulo puedes hallar promesas bíblicas que se aplican a diferentes áreas de necesidad. Pon tu fe en acción cada mañana, declara la promesa de Dios. Deja que su promesa penetre en tu mente y corazón. Quita tu mirada del tamaño de la montaña y comienza a mirar hacia el cielo, enfócate en la grandeza de Dios. Riega la semilla con adoración, dile a Dios que confías en su poder, que crees que no hay nada ni nadie en este mundo que tenga el poder ni la habilidad de realizar este milagro. Pon tu mirada en el Dios que da vida a los muertos y que con sus palabras llama a existencia a lo que todavía no existe. ¡Ese es nuestro Dios! Es posible que algunos días sientas que no está pasando nada. ¡No te desanimes! A su tiempo, y quizás de la manera en que menos te lo esperas, la semilla comenzará a germinar y tu fe a crecer y

> Pon tu mirada en el Dios que da vida a los muertos y que con sus palabras llama a existencia a lo que todavía no existe.

experimentarás en primera persona lo que es tener una esperanza segura en Dios a través de su Espíritu Santo viviendo en tu interior. Sea cual fuere tu circunstancia recuerda que no es más que eso: una oportunidad para que experimentes la presencia, compañía, fortaleza y el poder de un Dios que está disponible.

Resumen del capítulo 4:

Dios está disponible para darte seguridad a través de sus promesas

- ¿Cuál es la montaña que estás enfrentando? La dificultad que atraviesas es una oportunidad para experimentar los milagros de Dios en tu vida.

- Aunque tengamos que enfrentar algo tan extremo como la muerte, sabemos que Él está con nosotros. No hay nada que temer, no hay sufrimiento que Él no conozca. Por amor a nosotros venció a la muerte y nos regaló vida eterna.

- Cuando me sentía asustado, adolorido y angustiado, Dios utilizó la vida de distintas personas para sembrar en mi interior una semilla de esperanza.

- Nuestra familia no tenía recursos económicos, pero tenía a un Dios proveedor que siempre estuvo disponible para nosotros y nunca nos desamparó. No teníamos respuestas frente al dolor y el sufrimiento por el que estábamos pasando, pero Dios nunca nos soltó de la mano.

- ¡El cáncer nunca más regresó a mi vida! Cuando Dios hace un milagro lo hace por completo y lo hace perfecto.

- Tenemos a un Dios de milagros y de poder que tiene la respuesta a todas nuestras preguntas. A su tiempo recibirás la respuesta que tu vida está necesitando.

- Confía, ¡Dios no se ha olvidado de ti! La palabra que Él te dio no está muerta. Su Palabra opera en nosotros como una semilla de vida.

- Dentro de la Palabra de Dios tienes millones de semillas en potencia. Cada palabra tiene el potencial de un milagro. Cada promesa de Dios es una oportunidad, un milagro en potencia.

- Ten siempre presente que el mismo poder que resucitó a Jesús de la muerte está ahora viviendo en tu interior. Este pensamiento debería ser suficiente para activar toda nuestra confianza en el Dios de lo imposible. ¿Acaso piensas que hay algo que Él no pueda hacer?

Reflexión personal:

- ¿Cuál es el milagro que tu vida está necesitando? (Físico, material, emocional, espiritual).

- ¿Cuáles son las semillas de esperanza que sembrarás en tu corazón?

Versículo clave:

«...No temas, porque yo te redimí; te puse nombre, mío eres tú. Cuando pases por las aguas, yo estaré contigo; y si por los ríos, no te anegarán. Cuando pases por el fuego, no te quemarás, ni la llama arderá en ti».

Isaías 43:1b, 2 RVR 1960.

Promesas de vida:

«Voy a darte a conocer lo que está por suceder. Escríbelo en unas tablas, para que se lea de corrido. Tardará un poco en cumplirse, pero tú no te desesperes; aún no ha llegado la hora de que todo esto se cumpla, pero puedo asegurarte que se cumplirá sin falta». Habacuc 2:2-3 TLA.

«Y sabemos que Dios hace que todas las cosas cooperen para el bien de quienes lo aman y son llamados según el propósito que él tiene para ellos». Romanos 8:28 NTV.

«Ahora tenemos esta luz que brilla en nuestro corazón, pero nosotros mismos somos como frágiles vasijas de barro que contienen este gran tesoro. Esto deja bien claro que nuestro gran poder proviene de Dios, no de nosotros mismos. Por todos lados nos presionan las dificultades, pero no nos aplastan. Estamos perplejos, pero no caemos en la desesperación. Somos perseguidos, pero nunca abandonados por Dios. Somos derribados, pero no destruidos». 2 Corintios 4:7-9 NTV.

«Él fue traspasado por nuestras rebeliones, y molido por nuestras iniquidades; sobre él recayó el castigo, precio de nuestra paz, y gracias a sus heridas fuimos sanados». Isaías 53:5 NVI.

«No temas, pues yo estoy contigo, no te desanimes. Yo soy tu Dios, yo te fortaleceré, yo te ayudaré, yo te sostendré con mi triunfante mano diestra». Isaías 41:10 NVB.

«¡Socorro, Señor!», clamaron en medio de su dificultad, y él los salvó de su aflicción. Envió su palabra y los sanó; los arrebató de las puertas de la muerte». Salmos 107:19-20 NTV.

«—Iré a sanarlo —dijo Jesús». Mateo 8:7 NTV.

CAPÍTULO CINCO

Dios está disponible para darte la victoria

«La negatividad simplemente es la lengua que habla nuestro enemigo y aquellos que tienen su perspectiva. El lenguaje de Dios es la fe. Nada es imposible con Dios».

Robert Morris.

Una generación entera de personas perdió su herencia por permitir que la influencia de un reporte negativo afectara su destino. Dios había prometido que daría al pueblo de Israel una tierra súper rica como heredad. El Creador del universo los había sacado de Egipto con milagros portentosos que ocurrieron desde las diez conocidísimas plagas hasta la apertura del mar Rojo. ¡Imagínate atravesar un mar en seco con dos paredes de agua, una a tu derecha y otra a tu izquierda! Un ejército entero de soldados egipcios en carros de guerra junto al Faraón, determinados a destruir tu vida y tu familia te persiguen por detrás, y luego de que tú atraviesas el mar, las aguas se precipitan sobre ellos y mueren ahogados. ¡Ni siquiera tuvieron que pelear contra ellos, Dios se encargó de liberarlos! Todo, absolutamente todo, lo hizo Dios.

A pesar de haber visto la mano de Dios obrando milagros, decidieron poner su confianza en el mensaje que dieron diez espías que hablaban la lengua del «no puedo» y del «es imposible». Olvidaron por completo que para Dios no hay nada imposible y rápidamente dejaron atrás la confianza plena en quien los había hecho cruzar el mar Rojo en seco. ¿Por qué? Porque pusieron su enfoque en sus propias limitaciones en lugar de recordar qué clase de Dios tenían de su lado.

Pero este no era el único desafío que ahora tenían que enfrentar, había llegado el momento de crecer. Dios los estaba retando a que aprendieran a caminar en fe: la lección que Dios les estaba enseñando era que Él, no solo los podía liberar de lo imposible, sino que también había llegado el momento de que ellos conquistaran aquello que parecía imposible.

Es mi deseo que tus ojos sean abiertos para que puedas ver que la batalla que Cristo peleó por ti en la cruz ya reescribió tu historia. La victoria conquistada está disponible para nosotros, pero los derechos adquiridos se ejercen y se defienden. Necesitas aprender a vivir como un «más que vencedor». Es fundamental que comprendas que todo lo que tienes que hacer es reconocer la victoria de Jesús y ejercerla en tu vida.

> La victoria conquistada está disponible para nosotros, pero los derechos adquiridos se ejercen y se defienden.

Hay una guerra de niveles cósmicos sucediendo cada día a nuestro alrededor. Hay dos reinos que se disputan el destino eterno y final de millones de almas. No importa si eres consciente de ello o no. La existencia de esta lucha está más allá de lo que creemos y vemos. Ambos reinos influencian el mundo en que vivimos. Lo hacen de manera casi imperceptible. Es lo que ocurre cuando vemos que las hojas de los árboles son llevadas de un lado a otro, y aunque no podemos ver ni tocar aquello que las desplaza, entendemos que existe algo que llamamos viento, que ejerce su fuerza y produce ese movimiento. No podemos decir que conocemos el viento, no hay un lugar físico en donde podamos encontrar a este agente de la naturaleza. Sin embargo, vemos los efectos de su existencia.

¿Acaso nunca te has preguntado cómo es posible que en el mundo haya tanto dolor, sufrimiento y dificultades? ¿No sientes que las cosas tendrían que ser diferentes? En las palabras de Jesús hallamos la respuesta a nuestra pregunta y la explicación de la causa. En Juan 10:10 nos dice: *«El ladrón no viene sino para hurtar y matar y destruir; yo he venido para que tengan vida, y para que la tengan en abundancia»* (RVR1960). ¿Por qué Jesús llama ladrón al representante del reino que viene a robar, matar y destruir? Porque opera ilegalmente desde la clandestinidad. No tiene derecho legal de quitarnos nada.

La victoria de Cristo en la cruz conquistó la muerte. La batalla principal ya fue ganada. Jesús vino para darnos vida y vida abundante. La pregunta es: ¿vamos a permitir que el ladrón nos venga a robar la victoria que Cristo ganó por nosotros? ¿Vamos a permitirle que nos robe el gozo de saber que nada ni nadie nos puede separar del amor de

> Cada día, nosotros decidimos si vamos a hablar el lenguaje de la negatividad o si vamos a hablar el lenguaje de la fe.

Dios en Cristo Jesús?[12] Cada día, nosotros decidimos si vamos a hablar el lenguaje de la negatividad inspirada por el enemigo de nuestras almas, o si vamos a hablar el lenguaje de la fe.

No hay victoria sin batalla

No hay victoria sin batalla, esta es la absoluta verdad. Pero hoy no podríamos estar hablando de esta victoria si antes Jesús no hubiera peleado la batalla. La batalla siempre tiene un proceso, una lucha. Y a su vez, *la batalla es parte del proceso que nos lleva camino a la victoria*. Es necesario que vivamos nuestra vida teniendo bien en claro que el hecho de estar atravesando una dificultad no quiere decir que el resultado final vaya a verse afectado. Somos más que vencedores, punto. El resultado de la victoria fue determinado una vez y para siempre en la cruz. Jesús tiene el poder de cambiar tu pasado hoy. Y no solo eso, también tiene el poder de permitir que tus dificultades se conviertan en una escuela de aprendizaje.

El pueblo de Israel podría haber tomado el mensaje de dos espías que tenían la mente de «más que vencedores» en lugar de hablar el lenguaje negativo de quienes tenían corta memoria y confiaban en sí mismos. Josué y Caleb fueron los únicos que dijeron: «Sí, es verdad, hay gigantes, pero nosotros los comeremos como pan». ¡Esa es la mente de un ganador! Ellos dijeron:

> La verdadera batalla a la que hemos sido llamados a pelear no es de carácter físico, sino mental y espiritual.

---
[12] Romanos 8:38-39.

«Nada ni nadie nos va a robar nuestra herencia». Si Dios está con nosotros, ¿de quién temeremos? ¿Qué pueden hacer estos gigantes que viven en ciudades amuralladas si el Dios que abre el mar y me hace pasar en seco pelea por mí? La verdadera batalla a la que ellos estaban siendo llamados a pelear no era de carácter físico, sino netamente mental y espiritual.

Es necesario que sepamos que hay batallas a las que no somos llamados a pelear. *La única batalla a la que somos llamados y que es digna de ser peleada es la batalla de la fe.* Esta batalla se libra en nuestro interior y como dice la misma palabra, tiene que ver con nuestra fe. ¿Estamos dispuestos a confiar, a tener fe plenamente en Jesús? ¿Podemos descansar confiadamente en su victoria? ¿Aceptamos de verdad la Buena Noticia y confiamos plenamente en que su obra fue completa y absoluta para vencer al pecado, la muerte y al acusador? Este es el centro de la buena batalla de la fe. Esto es lo que el apóstol Pablo le encomienda a su discípulo Timoteo:

> *«Pelea la buena batalla por la fe verdadera. Aférrate a la vida eterna a la que Dios te llamó y que declaraste tan bien delante de muchos testigos».*
>
> 1 Timoteo 6:12 NTV.

Nuestra pelea consiste en confiar en la obra perfecta de la cruz. Esa es nuestra buena batalla. Defendamos en cada momento la fe verdadera, la confianza plena y absoluta en el Autor y Consumador de nuestra fe, Jesucristo. El único vencedor que llegó a la meta y dijo: *«Consumado es»*[13].

---
[13] Juan 19:30.

No te quedes callado

Una de mis películas favoritas es *Braveheart* (Corazón Valiente). Pocas películas tienen el poder de mostrar la historia tan vívidamente como lo ha logrado Mel Gibson a través de esta épica obra de arte. Una de las escenas más inolvidables, para mí, es aquella en la que Mel Gibson, interpretando a William Wallace, da un discurso a los hombres del ejército escocés antes de una batalla decisiva. En su discurso les recuerda quiénes son, por qué están allí peleando, y qué están defendiendo. El ejército recibe un impulso feroz al escuchar estas palabras que fueron como un fuego que encendió la llama dentro del corazón de cada uno de ellos. Comenzaron a gritar, a cantar, a hacer sonar sus armas. En pocas palabras, comprender quiénes eran y por qué estaban ahí, los impulsó a pelear en voz alta.

En la vida enfrentamos muchas batallas, pero hay algunas en las que no podremos pelear quedándonos callados. Son batallas en las que vamos a tener que hablarnos a nosotros mismos sobre quiénes somos, y animarnos recordándonos quién pelea por nosotros. Es así como podemos anticipar el sabor del resultado final. La victoria se anticipa en los cantos que preceden a la batalla. El ejército se anima coreando, unánimes, relatos de victorias pasadas, recordando hazañas y triunfos. La victoria se saborea aún antes de pelear. Ni qué hablar luego de haberla conquistado. ¿Quién puede permanecer callado cuando vio la muerte cara a cara y salió victorioso? ¿Acaso podrías

> La victoria se anticipa en los cantos que preceden a la batalla.

permanecer callado luego de haber vencido a un gigante que te amenazó de día y de noche por semanas? Mira este canto del salmista David:

«Tú cambiaste mi duelo en alegre danza; me quitaste la ropa de luto y me vestiste de alegría, para que yo te cante alabanzas y no me quede callado Oh Señor mi Dios, ¡por siempre te daré gracias!».

Salmo 30:11-12 NTV.

No sé qué circunstancia te está agobiando hoy. No conozco cuál es el gigante que te amenaza de día y de noche. Es posible que la muerte, el suicidio, una enfermedad, el cáncer o quizás un divorcio estén golpeando la puerta de tu casa. ¿Estás atravesando un valle de sombra y de muerte? No te quedes callado. No permanezcas en silencio en la batalla. En medio de la aflicción, de las pruebas y tristezas de este mundo, adora a Dios, porque naciste para adorar. Esta es la verdadera adoración a la que el Padre nos llama, al sacrificio de alabanza. Es la adoración genuina que surge en los momentos más angustiantes de prueba y dificultad. Pon tu mirada en ese momento culminante en que Jesús dijo: «Consumado es». Ya está hecho, la victoria ya fue ganada. No importa cuán grande sea esa montaña. Tu mirada debe estar fija en esa cruz donde todo lo peor que nos podía pasar, la muerte y el sufrimiento eterno, fueron clavados con el cuerpo de nuestro amado Señor. Fue en ese lugar y en ese momento histórico que tu duelo fue cambiado en danza y tu vestido de luto en vestido de alegría.

Comienza tu día con acción de gracias, anticipa la victoria, comienza a saborearla en tu mente. Cambia los pensamientos de duelo y luto por alegría y anticipa el gozo de la victoria. Comienza a ver las cosas que no son como si fueran. Trae a la memoria las conquistas que has alcanzado hasta el día de hoy. Cuando sientes que te rodea la incredulidad y la falta de confianza en la obra de la cruz, es cuando más necesitas abrir tu boca y reconocer la victoria final de Jesús. Dios tiene el poder de cambiar tu pasado y convertirlo en una escuela de aprendizaje para que la batalla sea el escalón que te acerque a donde Él siempre te ha querido llevar.

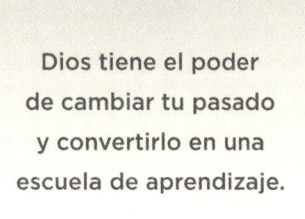

> Dios tiene el poder de cambiar tu pasado y convertirlo en una escuela de aprendizaje.

La victoria se viste de obediencia

Es importante que reconozcamos, como ya aprendimos, que Dios es un Dios de principios. A causa de ello, permitirá que pasemos por procesos que requerirán de nuestra obediencia y disciplina. La obediencia es parte de la victoria, es parte del proceso que nos guía al resultado final.

Muchas veces Dios te va a indicar un camino a seguir, parte del proceso es caminar por esa línea y requerirá de tu obediencia. Si decidimos desobedecer y elegimos caminar sin escuchar el consejo de Dios, terminaremos dando vueltas en círculos, perdiendo nuestro tiempo y esfuerzo.

No sé si a ti, pero a mí me cuesta mucho ir al gimnasio. Entiendo que es bueno para mi salud y que fortalece mi cuerpo, pero a diferencia de mi esposa Elena, a quien le encanta hacer ejercicio, a mí no me nace tan naturalmente.

Todas las mañanas, ella se despierta primero que yo, y para cuando yo lo hago Elena ya ha recorrido una milla en la bicicleta fija que está en nuestra habitación. Desde la cama le pregunto en qué parte va y cuánto le falta para llegar. A mí me interesa saber por dónde va porque ese tiempo me indica cuánto me falta para desayunar. ¿Y sabes qué estrategia usó para animarme a acompañarla al gimnasio? Me comentó que estaba muy cerca de un Starbucks. Ella sabe muy bien cuánto me gusta mi cafecito de Starbucks. Fue así que me convenció: «Nos tomamos un cafecito y nos vamos juntos al gimnasio».

Fuimos el lunes, y al llegar, el hombre que nos recibió en la entrada era enorme y estaba todo tatuado. Luego de darnos la bienvenida, yo miraba sus músculos y miraba los míos. Y por dentro decía: «¡Cállate Hulk, sal de aquí; ya ganaste la competencia, lárgate!». Me sentí desafiado y quería llegar al tamaño de los músculos de mi entrenador en dos días. Comencé a poner cada vez más peso porque al empezar sentía que podía. Aunque mi esposa me decía: «¡No Harold, eso es mucho peso!». Yo respondía: «¡No! ¡Qué va a ser mucho! ¡Vamos!». Y así me la pasé el primer día de gimnasio, queriendo hacer todo lo que no había hecho meses atrás e ignorando los consejos del instructor y de mi esposa.

El martes, fue un día aún peor para mí. Me levanté primero que Elena; al llegar al gimnasio el tipo grandote y feo ya estaba haciendo pesas y entrenando a las señoras. Él estaba ahí, y yo del otro lado. Hacía su dura rutina y yo la mía. Él como con mil pesas y yo con cien... «Cada quien con lo suyo», decía yo. ¡Y cómo le di! ¡Para qué les cuento! El miércoles, cuando me desperté, ¡Jehová de los ejércitos! Elena me miró y me dijo: «¿Cómo te sientes?». Yo, como si nada: «¡Bien mi amor!». Y cuando ella no estaba, ¡no imaginas cómo me lamentaba! Me dio fiebre, ¡me dolía todo, hasta los pelos! Bajaba las escaleras y me dolía hasta el pensamiento. Cuando Elena me invitaba a ir al gimnasio, yo le decía que no tenía ganas. Pero en cierto punto, con dolor y todo, tuve que volver; por un lado, porque ya había pagado todo el año (aunque fuera para darme una vuelta por Starbucks) y por el otro, para regalarle un café al fortachón y decirle: «Amigo, ¡ganaste!». Sé que me entiendes cuando te cuento esta historia, porque seguramente más de una vez te ha sucedido algo parecido.

Parte del proceso para ponerme como ese fortachón iba a requerir pasar por el dolor del crecimiento de mi cuerpo. Para que mis músculos crecieran mi entrenador me explicó que tenía que cambiar mi dieta, ser constante y disciplinado. ¿Sabes cuánto tiempo le había llevado al Sr. Músculo llegar a tener ese físico y esa fortaleza muscular? ¡Veinte años! Veinte años de disciplina en alimentación y entrenamiento. Y yo, pretendía ganar el «concurso imaginario de súper hombre» con dos días de gimnasio.

> Los principios de Dios son como señales de tránsito: te indican cómo transitar por el camino para poder llegar a tu destino final.

Lo mismo sucede en el mundo espiritual. Para tener victoria en las batallas espirituales que se te presentan, tienes que pasar por el proceso. Se llega a la victoria por la autopista llamada principios. Los principios de

Dios son como señales de tránsito: te indican cómo transitar por el camino para poder llegar a tu destino final. Tú decides si quieres llegar a tu destino transitando por una autopista o por un camino de tierra y lleno de lodo.

Algunos quieren tener un matrimonio fortachón, pero no quieren pasar por el proceso. Por eso es que la victoria se viste de obediencia. Es importante entender que *cuando llegamos a Cristo Jesús, Él nos da principios, y esos principios debemos seguirlos.* ¿Quieres tener un matrimonio saludable? Pelea por tu matrimonio. Obedece los principios que Dios te ha dejado en su Palabra. Ama a tu esposa de tal manera y con tanto sacrificio como lo hizo Jesús por su iglesia, que dio hasta su propia vida por ella[14]. ¿Quieres tener hijos sanos natural y espiritualmente? Dedícales tiempo, dales amor, instrúyelos en el camino del Señor y cuando sean grandes, no se apartarán de el[15]. Esta es una promesa de Dios en su Palabra. Es un principio que Él mismo nos indica para que podamos vivir plenamente. ¿Quieres tener un trabajo mejor? Haz todo con excelencia como si Dios estuviera allí supervisando cada cosa que haces. Tómate tu trabajo en serio, reconoce a Dios en todo lo que haces, dale el primer lugar y glorifícalo a través de la obra de tus manos. ¿Eres maestra? ¡Mira a tus alumnos como si fueran los futuros presidentes, médicos, arquitectos y por sobre todo, hombres y mujeres de Dios! ¿Sabes cuántas personas tienen traumas porque sus maestros no creyeron en ellos y los menospreciaron o ridiculizaron delante de sus compañeros de clase? Marca la diferencia, edifica la autoestima de esos niños. ¿Quieres que tus finanzas mejoren? No dejes de darle a Dios lo que le co-

---

[14] «Maridos, amen a sus mujeres, así como Cristo amó a la iglesia y se dio Él mismo por ella». Efesios 5:25 NBLA.
[15] «Instruye al niño en su camino, y aun cuando fuere viejo no se apartará de él». Proverbios 22:6 NBLA.

rresponde. Que tu ofrenda y tu diezmo sean lo primero que apartes cuando recibas tu pago. Cuando reconoces que Dios es tu proveedor, ya no tendrás temor de darle a Él lo primero y lo mejor, porque en tu corazón tendrás la plena seguridad de que Dios es tu pastor y que nada, nada, nada te faltará.

Estos son simples principios que están en nuestra hoja de ruta, la Biblia. La Palabra de Dios es el GPS que nos muestra cómo vivir una vida plena. Nos señala el camino y nos guía para que no nos equivoquemos, para que no perdamos tiempo yendo por caminos que aparentemente son mejores pero que llevan a un destino de perdición.

Cuando el pueblo de Israel fue liberado de la esclavitud y salió de Egipto, tuvo que tomar una decisión. Seguir el camino que Dios le indicaba y confiar en su amor y cuidado, o dudar de su bondad y desconfiar de su guía. Por no seguir los principios indicados por Dios, lo que tendría que haberles llevado once días, les llevó cuarenta años[16]. Una generación entera pereció en el desierto por no confiar en Dios.

> La Palabra de Dios es el GPS que nos muestra cómo vivir una vida plena.

La desobediencia te llevará a pasarte la vida dando vueltas. Pasarás por la misma circunstancia una y otra vez. La desobediencia está radicada en la falta de confianza en la bondad de

---

[16] «Por lo general, solo lleva once días viajar desde el monte Sinaí hasta Cades-barnea, siguiendo la ruta del monte Seir» Deuteronomio 1:2 NTV.

Dios. ¡Vístete de obediencia, sigue los principios de la Palabra de Dios! Si tu meta es una vida de victoria, usa como mapa la Palabra de Dios y correrás por la autopista llamada «principios bíblicos».

¿Recuerdas a mi amigo fortachón del gimnasio? Cuando entré al gimnasio la primera vez lo vi como mi enemigo. Mirarlo me recordaba todo lo que yo no había hecho por años. De la misma manera, el enemigo de nuestras almas es experto en recordarnos todas las cosas que tendríamos o podríamos haber hecho y que no hicimos. Y comenzamos a «dar vueltas por el desierto» llenando nuestra mente de acusaciones y ocupándonos con el problema en lugar de enfocarnos en la solución. ¡No permitas que el enemigo te acuse! En Romanos 8:1-2 el apóstol Pablo nos instruye así: «*Por lo tanto, ya no hay ninguna condenación para los que están unidos a Cristo Jesús, pues por medio de él la ley del Espíritu de vida me ha liberado de la ley del pecado y de la muerte*». No permitas que el enemigo use la batalla o el proceso para desanimarte y decirte que te des por vencido. Debemos permitir que el Señor use la batalla y el proceso para darnos la victoria. Sigue caminando, sigue obedeciendo, sigue sembrando en tu matrimonio, en tus hijos. ¡Qué genial que Dios nos dio principios con los cuales vivir nuestra vida! No son reglas, son principios de vida: «si tú das, vas a cosechar». Si das poquito, vas a cosechar poquito. Si vives por fe vas a vivir una vida guiada por el Dios Todopoderoso. Si vives por tus fuerzas, pues te vas a cansar y te va a costar más. Yo prefiero despertarme cada día pensan-

> Para los que vivimos por fe el proceso nos recuerda las promesas de Dios, para los que no tienen esperanza les recuerda la batalla.

do que mis finanzas, mis hijos, mi esposa, mi casa, la iglesia, usted y yo estamos en las manos del Dios Todopoderoso. El proceso, para los que vivimos por fe, nos recuerda las promesas de Dios. El proceso, para los que no tienen esperanza, les recuerda la batalla.

La victoria siempre le da gloria a Dios

La victoria siempre nos recuerda lo grande de nuestro Dios. A veces pienso que algún día en el cielo veremos una película de todas las batallas por las que hemos pasado y de todas aquellas que ni siquiera peleamos porque Dios se encargó de pelear por nosotros. La victoria siempre nos recuerda lo grande que es nuestro Dios y lo pequeños que son nuestros problemas delante de Él. La victoria siempre trae gloria. Ahora la pregunta es: «¿quién se está glorificando?». En tu vida, ¿quién se está glorificando? En tu matrimonio, ¿quién se está glorificando? Muchos quieren tener el control de todo y se esfuerzan por hacer las cosas a su manera: «¡esta es mi casa y aquí mando yo!» o, «este es el sudor de mi frente» y, «es mi derecho hacer lo que yo quiero», o también, «yo me lo merezco». ¿Qué tal si cambiamos eso y le damos la gloria a Dios en todo? Señor, estos son tus hijos, esta es tu casa, estas son tus finanzas, mi futuro es tuyo Señor, simplemente soy tu siervo.

¡Cada victoria le da gloria a Dios! Esta mañana me desperté y dije: «¡Señor, glorifícate en cada área de mi vida, glorifícate en mis hijos, glorifícate en mi matrimonio!». Que la gente nos vea y diga: «Esta gente tiene algo diferente, tiene algo de Dios». Que cuando alguien entre en tu casa pueda sentir que Dios está ahí. Tu vida, tu familia, tus hijos, tu trabajo, tus finanzas, necesitan darle gloria a Dios.

El Salmo 145:3 dice así:

«Grande es el Señor, y digno de ser alabado en gran manera, Y Su grandeza es inescrutable». Salmo 145:3 LBLA.

¿En qué área de tu vida no estás experimentando victoria? La batalla que hoy estás peleando puede estar indicando un área de tu vida en la cual Dios quiere hacerte un vencedor. Un área en la que Dios todavía no está reinando y no está siendo glorificado.

> La batalla que hoy estás peleando puede estar indicando un área de tu vida en la cual Dios quiere hacerte un vencedor.

Primero identifica tu batalla; segundo, identifica el principio divino que no estás aplicando; y tercero, adora a Dios mientras peleas porque la victoria ya ha sido conquistada. No escuches al acusador, no mires atrás ni sigas por el camino que a ti te parece correcto. El enemigo no puede derrotarte, solo puede acusarte y distraerte. No estás en peligro de muerte cuando ya le has dado tu vida a Cristo, pero puedes estar en peligro de distracción. Entonces, ¿a quién vas a escuchar? Hoy te animo a que no permanezcas callado en medio de la batalla. ¡Que tu alabanza haga tanto ruido que el enemigo tiemble mientras glorificas a Dios por la victoria que ya te ha dado!

Vamos a saborear juntos la victoria, pero antes, seamos prácticos. Vamos a diagnosticar algún problema, un área en la que quizás estés experimentando muerte y vamos a aplicar un principio divino para traer vida y glorificar a Dios.

El ejemplo que doy a continuación tiene que ver con una batalla en la vida matrimonial. Vayamos siguiendo los puntos que identificamos en este capítulo:

1. Identifica tu batalla: ¿cuál es el área de mi vida en la que no estoy viviendo plenamente y en victoria?

   Ejemplo: No estoy experimentando victoria en mi matrimonio.

2. ¿Qué principio divino tengo que poner en práctica para obtener mi victoria?

Ejemplo para los esposos:

Para los maridos, el principio bíblico se encuentra en Efesios 5:25-31. Dios te llama a amar a tu esposa como Cristo amó a su iglesia (dando aun su vida por ella). Esto implica que la ames sacrificialmente, aun cuando te cueste y no te resulte fácil amarla. ¿Cómo puedes demostrarle tu amor? (Es una buena pregunta para hacerle a tu esposa, cada uno de nosotros ama y se siente amado de forma diferente así que el primer paso sería preguntárselo). Y luego, con la ayuda del Señor, tendrás que ser fiel en «regar» esa semilla cada día.

Ejemplo para las esposas:

Tu principio se encuentra en Efesios 5:33. Dios te pide que respetes a tu marido. Su rol en el hogar es amarte, tu rol es el de respetarlo. La pregunta que tendrías que hacerte es: ¿De qué forma puedes demostrarle respeto a tu esposo? o, ¿de qué manera tu esposo se siente respetado?

Cada persona es un mundo, así que sería bueno que comiences a regar la semilla del respeto en toda ocasión. Reconoce sus esfuerzos, agradécele su arduo trabajo, festeja sus logros, pídele a Dios que te ayude a ser creativa en las diferentes formas en que puedes mostrarle respeto.

3. Adora a Dios mientras «peleas» tu batalla. ¿Hay alguna canción de alabanza que se puede convertir en tu grito de victoria? (¡Quién sabe si Dios te dé una letra para tu propia canción!)

Cada mañana reconoce a Dios en tu día; enfócate en su poder; comienza a declarar que lo que aún no ves en lo natural, a su tiempo, llegará. Agradécele porque Él te dará las fuerzas para poner en práctica sus principios en tu vida.

4. No escuches al acusador.

Mantente alerta; aprende a reconocer la voz de tu enemigo. Cuando venga a sembrar pensamientos contrarios a los principios que Dios te ha dejado en su Palabra, resístelo. Como nos enseñó a hacer Jesús cuando fue tentado por el acusador: «*¡Escrito está!*». Recuerda las palabras de Santiago:

Dios está disponible

«Así que humíllense delante de Dios. Resistan al diablo, y él huirá de ustedes». Santiago 4:7 NTV.

¡Ha llegado el tiempo de crecer! Aprende a defenderte y a ejercer tus derechos como hijo de Dios. Y no olvides, cuando obtengas la victoria, ¡dale a Dios toda la gloria!

Resumen del capítulo 5:

Dios está disponible para darte la victoria

- El pueblo de Israel puso su enfoque en sus propias limitaciones en lugar de recordar qué clase de Dios tenía de su parte.

- Dios les estaba enseñando que no solo los podía librar de lo imposible, sino que también ellos podían conquistar lo que les parecía imposible.

- Aprende a vivir como «más que vencedor»; Jesús obtuvo la victoria por ti; reconócela y aplícala en tu vida.

- Cada día, nosotros decidimos si vamos a pronunciar palabras de negatividad inspiradas por el enemigo de nuestras almas o si vamos a hablar el lenguaje de la fe.

- La verdadera batalla a la que el pueblo de Dios estaba siendo llamado a pelear no era de carácter físico, sino netamente mental y espiritual, la batalla de la fe.

- Dios tiene el poder de cambiar tu pasado y convertirlo en una escuela de aprendizaje para que tu batalla se convierta en el escalón que te acerque a donde Él siempre te ha querido llevar.

- Se llega a la victoria por la autopista de los principios divinos. Ellos son como señales de tránsito: te indican cómo transitar por el camino para poder llegar a tu destino final. Tú decides si quieres llegar a tu destino

- transitando por una autopista o por un camino de tierra y lleno de barro.

- El enemigo de nuestras almas es experto en recordarnos todas las cosas que tendríamos o podríamos haber hecho y que no hicimos. ¡No permitas que el enemigo te acuse! Por el contrario, permite que el Señor use tu batalla para darte la victoria.

- La victoria siempre nos recuerda lo grande que es nuestro Dios y lo pequeños que son nuestros problemas delante de Él. Tu vida, tu familia, tus hijos, tu trabajo, tus finanzas, necesitan darle gloria a Dios.

- Identifica tu batalla; identifica el principio divino que no estás aplicando en tu vida y adora a Dios mientras peleas, porque la victoria ya ha sido conquistada.

Versículo clave:

«Les he dicho todo lo anterior para que en mí tengan paz. Aquí en el mundo tendrán muchas pruebas y tristezas; pero anímense, porque yo he vencido al mundo».

Juan 16:33 NTV.

Reflexión personal:

- ¿Cuáles son las batallas que estás peleando? Recuerda que estas te pueden estar indicando un área en la que necesitas crecer.

- ¿Qué principios divinos podrías comenzar a aplicar hoy mismo en tu vida para comenzar a ver el favor de Dios abriéndote camino?

Promesas de vida:

«El propósito del ladrón es robar y matar y destruir; mi propósito es darles una vida plena y abundante». Juan 10:10 NTV.

«Y estoy convencido de que nada podrá jamás separarnos del amor de Dios. Ni la muerte ni la vida, ni ángeles ni demonios, ni nuestros temores de hoy ni nuestras preocupaciones de mañana. Ni siquiera los poderes del infierno pueden separarnos del amor de Dios». Romanos 8:38 NTV.

«Sin embargo, en todo esto somos más que vencedores por medio de aquel que nos amó». Romanos 8:37 NVI.

«Pelea la buena batalla por la fe verdadera. Aférrate a la vida eterna a la que Dios te llamó y que declaraste tan bien delante de muchos testigos». 1 Timoteo 6:12 NTV.

Manténganse libres del amor al dinero, y conténtense con lo que tienen, porque Dios ha dicho: «Nunca te dejaré; jamás te abandonaré». Hebreos 13:5 NVI.

«Por lo tanto, ya no hay ninguna condenación para los que están unidos a Cristo Jesús, pues por medio de él la ley del Espíritu de vida me ha liberado de la ley del pecado y de la muerte». Romanos 8:1-2 NVI.

«¿No saben que en una carrera todos los corredores compiten, pero solo uno obtiene el premio? Corran, pues, de tal modo que lo obtengan». 1 Corintios 9:24 NVI.

« ... porque todo el que ha nacido de Dios vence al mundo. Esta es la victoria que vence al mundo: nuestra fe». 1 Juan 5:4 NVI.

CAPÍTULO SEIS

Dios está disponible para darte un nuevo futuro

«Fe es dar el primer paso, incluso cuando no ves toda la escalera».

Martin Luther King Jr.

Si tuvieras que definir cuál es el centro constante del enfoque de tus pensamientos la mayor parte del día, ¿dirías que piensas constantemente en tu pasado, presente o futuro? Muchas personas están tan enfocadas en su pasado o en su presente, que ni siquiera se atreven a mirar el futuro. Y en cuestión de perspectiva, cuanto más mires atrás más difícil te será poner tu mirada en algo diferente de lo que te está pasando.

Pero, ¿qué pasa cuando miramos las cosas desde otra perspectiva menos natural para nosotros, como por ejemplo, desde arriba? Cuando nos atrevemos a observar la vida desde otro lugar, todas las cosas cambian por completo. Por eso me encanta volar en avión. Me divierte mirar la tierra desde la ventanita donde estoy sentado. Los árboles que en la tierra parecen tan grandes, desde arriba se vuelven ínfimos. Desde las alturas, las carreteras se ven llenas de pequeñas hormiguitas y ni hablemos de nosotros. ¡Las personas casi no se ven! *La perspectiva desde la cual te encuentras aumenta o disminuye el tamaño de todo lo que ves.*

Ahora piensa en lo que sucedería si pudieras ver las cosas, ya no desde la perspectiva humana, (desde un avión, arriba de una montaña o en lo profundo de un pozo), sino desde la perspectiva de Dios. Para decírtelo en palabras de Dios mismo:

> «*Porque mis pensamientos no son los de ustedes,*
> *ni sus caminos son los míos*
> *—afirma el Señor—.*
> *Mis caminos y mis pensamientos*
> *son más altos que los de ustedes;*
> *¡más altos que los cielos sobre la tierra!*
> *Así como la lluvia y la nieve*
> *descienden del cielo,*
> *y no vuelven allá sin regar antes la tierra*
> *y hacerla fecundar y germinar*
> *para que dé semilla al que siembra*
> *y pan al que come,*
> *así es también la palabra que sale de mi boca:*
> *No volverá a mí vacía,*
> *sino que hará lo que yo deseo*
> *y cumplirá con mis propósitos.*
>
> Isaías 55: 8-11 NVI.

Los pensamientos que Dios tiene no tienen nada que ver con los nuestros. ¡Son más altos que los cielos sobre la tierra! Esa sí que es una perspectiva completamente diferente. Una altitud de la cual no tenemos referencia mas que nuestra imaginación o la imagen tomada desde alguna nave espacial que está yendo hacia el espacio. Yo quiero tener esa perspectiva, quiero ver las cosas desde el plano en que Dios las ve.

Cuando la tierra estaba desordenada y vacía, Él vio algo diferente. Seguido a eso, Dios tuvo un deseo que se expresó en un pensamiento y este luego fue liberado a través de palabras. Así es como Dios trajo orden y belleza a la creación. Dio la palabra y dijo: «*Sea la luz*» y ya no hubo oscuridad. Cuando Dios tiene un deseo da la palabra, y una vez que sale de su boca no vuelve a Él vacía, es decir, no regresa sin cumplir con su propósito. El salmista lo expresa de esta manera:

> Yo quiero tener esa perspectiva, quiero ver las cosas desde el plano en que Dios las ve.

«*El Señor tan solo habló
y los cielos fueron creados.
Sopló la palabra,
y nacieron todas las estrellas.
Asignó los límites al mar
y encerró los océanos en enormes depósitos.
Que todo el mundo tema al Señor
y todos estén ante él con temor reverente.
Pues cuando habló, el mundo comenzó a existir;
apareció por orden del Señor*».

Salmo 33: 6-9 NTV.

En este momento quiero invitarte a que hagas un ejercicio conmigo. Comienza a soñar. Dios, antes de dar la palabra, primero tiene un deseo, el deseo es el embrión, es la semilla, es el árbol o el ser humano en potencia. Dios tiene sueños contigo que quizás nada tengan que ver con tu pasado o tu presente. Algo que ni siquiera ha pasado por tu mente. Abre tu mente y comienza a mirar desde la cima de una montaña, desde las alturas, desde ese sueño que Dios tuvo contigo antes de crearte. *Comienza a ver la vida desde la perspectiva de Dios.* Pídele que te muestre sus sueños. ¡Tú eres parte del sueño de Dios! Ha llegado el momento de comenzar a ver tu vida desde la perspectiva celestial.

> Ahora ha llegado el tiempo de comenzar a ver esos sueños específicos que Dios tiene para ti.

Dios está disponible y te ha dado esperanza, un nuevo comienzo, una nueva identidad y seguridad. También te ha dado victoria en todas y cada una de tus batallas. *Ahora ha llegado el tiempo de comenzar a ver esos sueños específicos que Dios tiene para ti.* Esos sueños que no conoces, no imaginas, y ni sabes que Dios tiene y quiere que se hagan realidad en tu vida.

Sueña con Dios para ver como Él ve

Dios tenía un sueño conmigo, y como sus sueños no son pequeños, el que tuvo conmigo involucraba a miles de personas. Su sueño con nosotros siempre involucrará a otras personas, y esos sueños puestos juntos, entretejen un rompecabezas que para nosotros sería imposible de entender a menos que Dios nos lo revele. Dios soñó con Hosanna Woodlands (la iglesia que pastoreamos con mi esposa) aun antes de que a mí se me cruzara por la cabeza.

Quizás te parezca increíble lo que te voy a contar, pero a mí Dios primero me habló a través de hacerme escuchar sonidos; los sonidos de Hosanna. Escuché risas, niños corriendo, familias hablando, y aunque yo no lo podía ver, lo podía escuchar. Dios puso el sonido de su visión dentro de mí; puso en mi corazón las canciones que íbamos a cantar. El 29 de septiembre de 2018, a las 11:59 de la mañana, en mi tiempo devocional, pude escuchar a Dios susurrando en mi oído Su sueño. Inmediatamente corrí a mi teléfono para tomar nota de lo que escuché. El sueño de Dios decía así:

Suena a gente adorando a Jesús con todo su corazón en agradecimiento.
Suena a familias completas rendidas a los pies de Cristo que juntos hacen todo lo posible para compartir un mensaje de esperanza.
Nuestra iglesia tiene un sonido que alcanza personas y que ministra el corazón de Dios.
Nuestra iglesia suena a alegría y gozo a causa de Jesús.
Nuestra iglesia suena a palabras de agradecimiento y honra a Dios.
Nuestra iglesia suena a personas que creen en los demás y hacen lo posible por apoyarlos a cumplir su propósito en la tierra.
Nuestra iglesia sabe adorar y lo hace con excelencia.
Nuestra iglesia cree en segundas oportunidades.
Nuestra iglesia es guiada por el Espíritu Santo.
Nuestros mensajes suenan relevantes y activan a quienes los escuchan a vivir una vida conforme al corazón de Dios.
Puedo ver un lugar grande en amor y misericordia.
Puedo ver un lugar de gran influencia.

Dios está disponible

Puedo ver un lugar que protege a su equipo.
Puedo ver un lugar que hace lo necesario para que más personas conozcan de Jesús.
Puedo ver un lugar que honra a Dios en todo.
Puedo ver una iglesia bendecida y que bendice.
Puedo ver una iglesia que abre puertas para nuevos ministros.
Puedo ver un lugar de refugio.
Puedo ver una iglesia que ama a Dios más que todo.

Hosanna Woodlands es nuestra iglesia.

¡Ciudad de refugio!

Hoy veo este sueño de Dios hecho realidad. Yo me atreví a escuchar la voz de Dios y Su sueño. ¿Puedes escuchar el plan y el sueño de Dios para tu vida? Muchas personas viven su vida para sí mismos, concentradas en resolver los problemas del pasado y del presente y dejan de soñar. Hoy te invito a que comiences a abrir tu corazón y tu mente para recibir los sueños de Dios para tu vida. Atrévete a ver tu futuro como Dios lo ve. No dejes de soñar por enfocarte en el pasado o en el presente. Alza tus ojos y mira desde la perspectiva de Dios.

> Atrévete a ver tu futuro como Dios lo ve. No dejes de soñar por enfocarte en el pasado o en el presente.

Comparte con personas de confianza

Luego de haber escuchado la voz de Dios lo primero que hice fue hablar con Elena, mi compañera de vida, el regalo de Dios para mí. Pasé mucho tiempo hablando y compartiendo con ella lo que Dios estaba poniendo en mi corazón. Su primera respuesta fue: «Yo ya lo sabía». No era algo nuevo para ella y aunque nunca me hizo saber que ella entendía que yo iba a ser pastor, dentro de su corazón existía esa realidad en potencia. Cuando estábamos de novios hablábamos sobre nuestro futuro juntos y varias veces le comenté que, aunque mi trabajo en ese tiempo no tenía nada que ver con el aspecto ministerial o eclesiástico, yo sabía que eso era solo un puente para lo que iba a venir.

Siempre supe que mi experiencia de vida y todo lo que yo había pasado y superado era la base de mi futuro. *A través de todas las dificultades yo aprendí en carne propia que Dios funciona, que Él está vivo y activo en nuestras vidas y que tiene un plan, un futuro y una esperanza para todos aquellos que ponen su confianza en Él.* Yo no sabía versículos de la Biblia de memoria, no tenía conocimiento teológico formal, pero siempre tuve claro que algún día transmitiría a otros que Dios está disponible. Elena supo desde nuestro noviazgo que yo iba a dedicar mi vida a compartir este mensaje; yo no sabía que lo haría pastoreando una iglesia, pero ella lo supo desde el principio.

Si compartes con personas de confianza notarás que al poner en palabras lo que Dios puso en tu corazón, manifestarás en el tiempo y en el espacio lo que quizás espiritualmente aún te parezca confuso y poco claro. Puede ser que no tengamos palabras para expresar lo que sentimos en el espíritu, pero al hacer el esfuerzo de expresarlo, ese sueño comienza a tomar forma. El sueño pasa a ser una visión. La visión es clara y definida, tiene un propósito embrional. Se vuelve más clara a medida que la expresamos. Además, más tarde, *la visión se convertirá en meta cuando definamos qué pasos concretos tendremos que dar para ejecutarla*. Así, lo que está en un plano netamente mental y espiritual, se activará en el plano concreto del tiempo y del espacio. Hablar con Elena me ayudó a poder definir más claramente lo que Dios estaba poniendo en mi corazón. Sus preguntas me ayudaron a expresar más definidamente lo que en una primera instancia era embrional.

> La visión se convertirá en meta cuando definamos qué pasos concretos tendremos que dar para ejecutarla.

Luego de hablar con Elena conversé con mi hermano. En ese tiempo Elena y yo servíamos en la iglesia que mi hermano pastoreaba. Es más, la idea original, (lo que yo pensé en un principio), era que íbamos a comenzar una iglesia debajo del liderazgo de mi hermano. Pero todo cambió cuando comencé a darme cuenta que Dios me estaba mostrando una visión diferente de la que tenía mi hermano. Lo que escuché de parte de Dios, no sonaba al lugar donde estábamos. No es que fuera mejor ni peor, era diferente. Esto fue una lucha interna que tuve que afrontar. Tuve que tomar una decisión muy difícil. Delante de mí tenía dos opciones: por un lado, aquello que Dios me estaba pidiendo que hiciera, lo cual implicaba un salto al vacío y a lo desconocido. Y por el otro, seguir sirviendo a Dios bajo el liderazgo de mi hermano con toda la comodidad y seguridad que eso representaba. Mi hermano tenía muy claro cuál era su llamado y cuál era la visión que Dios le había dado, y cuando yo le hablaba sobre lo que Dios me estaba mostrando, era claro que mi llamado era diferente. Respeto mucho que él haya tenido la seguridad de defender su llamado y lo que Dios había puesto en su corazón, y que a la vez me haya impulsado a tomar una decisión respecto a confiar en el llamado de Dios sobre mi vida. Así como las aves enseñan a los pichoncitos a volar arrojándolos del nido, de la misma forma, mi hermano me dio el empujón que necesitaba. Me alentó a reconocer que Dios me había llamado y a seguir la voz de Dios.

«El tiempo de la nada»

La mejor prueba para saber si lo que estás escuchando viene de Dios es el tiempo. El tiempo para mí lo fue todo. Yo entendí que aquello que estaba recibiendo de Dios no era mío porque no fue una emoción pasajera. ¿Alguna vez has escuchado esa frase que dice: «el tiempo lo dirá»? *El tiempo fue mi mejor aliado para revelar que lo que Dios había puesto en mi corazón era genuino y tenía un valor perdurable.*

En ese tiempo aprendimos muchísimas cosas. Primero, a sujetarnos a los líderes que Dios había puesto sobre nuestras vidas y a no movernos sin tener la bendición de ellos. Eso es bien difícil porque, por un lado, tienes en tu corazón una llama encendida que te impulsa a poner en marcha la visión, pero por el otro, entiendes que apresurarte y tomar las riendas de la situación puede impedirte que aprendas todo lo que Dios quiere enseñarte en lo que aparentemente es «el tiempo de la nada»; y también, llevarte a equivocaciones que pueden tener graves consecuencias y aun desviarte del plan de Dios.

Recuerdo que muchas veces, en mi impaciencia, oraba pidiéndole a Dios su guía respecto a cómo poner en acción el sueño que Él me había dado. Una forma en la que Dios me respondió fue justamente no diciéndome nada. ¡No sabes lo difícil que es eso! En palabras de uno de mis cantantes favoritos, Garth Brooks:

«Algunos de los mejores regalos de Dios son oraciones no respondidas».

Hay tiempos en los que a ti te va a parecer que no está sucediendo nada. Dios te ha hablado y quisieras que ese sueño se llevara a cabo ya. Pero Dios tiene sus tiempos, y *el «tiempo de la nada» es un tiempo en el que Dios desarrolla en nosotros fruto espiritual, que tiene que ver más con nuestro carácter y obediencia que con nuestro desempeño.* Es en este tiempo que el Espíritu Santo produce en nosotros paciencia. ¿De qué otro modo crecería nuestra fe si no fuera probada y desafiada a confiar, aun cuando no vemos inmediatamente el resultado de la visión dada por Dios?[17] Nuestro Padre celestial quiere hacernos completos en Él; su obra perfeccionadora va más allá de lo que sucede en el exterior, a Él le importa nuestro crecimiento interior. Si nuestro «hombre interior» como dice el apóstol

---

[17] Santiago 1:3-4. «Tengan por sumo gozo, hermanos míos, cuando se hallen en[c] diversas pruebas, ³ sabiendo que la prueba de su fe produce paciencia ⁴ y que la paciencia tenga su perfecto resultado, para que sean perfectos y completos, sin que nada les falte».

Pablo, no crece a la estatura de la madurez de Cristo, el sueño de Dios en nuestras vidas sería incompleto. Todas las piezas del rompecabezas son parte de un mismo mosaico multidimensional. En el multiplano de Dios, nuestras acciones son el resultado, o como dice la Palabra de Dios, el fruto de nuestro continuo caminar con Dios.

> Si nuestro «hombre interior» no crece a la estatura de la madurez de Cristo, el sueño de Dios en nuestras vidas sería incompleto.

Nuestra relación con Dios, nuestra permanente conexión con la fuente de la vida, produce fruto espiritual en nuestro carácter que luego se manifestará en nuestras acciones. *Lo que aparentemente es «un tiempo de nada» es en realidad «un tiempo de maduración»*. Es el tiempo en que la semilla recibe en lo oculto (debajo de la tierra), el sustento necesario para el crecimiento interior que se manifestará por encima de la tierra cuando el tallo de nuestra planta se fortalezca y pueda, a su tiempo, llevar mucho fruto. No recibir respuesta a oraciones que no se alinean con la perfecta voluntad de Dios, es lo mejor que nos puede pasar. Con el tiempo, cuando logres ver tu pasado desde otra perspectiva, verás que no recibir respuesta a esa oración, fue en realidad, un regalo de Dios.

> No recibir respuesta a oraciones que no se alinean con la perfecta voluntad de Dios, es lo mejor que nos puede pasar.

El proceso es parte del resultado. Crecer es doloroso, no es fácil ni cómodo. Pero no se trata de mi comodidad sino de lo que Dios quiere hacer en mi vida y en la de todas esas personas que forman parte de ese mosaico maravilloso que Él está formando para reflejar su gloria. Ese proceso nos recuerda que Él es Dios y que tiene todo bajo control. *Dios no es un hada madrina, ni el genio de la lámpara. No está a nuestra disposición para hacer lo que nos conviene aun cuando se trate de hacer algo a su servicio.* Sus planes son más altos, y sus pensamientos también. Nosotros no sabemos qué es lo mejor para nosotros. Desconocemos el engranaje completo de la maquinaria que conforma el universo. A nosotros nos corresponde confiar y esperar, porque al final de cuentas no se trata de nosotros, sino de Aquel a quien pertenece toda la gloria, la honra y el poder, nuestro Padre celestial.

> Dios no es un hada madrina, ni el genio de la lámpara. No está a nuestra disposición para hacer lo que nos conviene.

Entrega la visión en las manos de Dios

El «tiempo de la nada» es el tiempo en que le entregas a Dios el sueño que Él mismo te dio. Es entonces que Dios desarrolla nuestro carácter y también nos enseña a morir al sueño. Es decir, a entregárselo a Él de tal manera que pongamos nuestra confianza completamente en sus manos. Aunque la visión se tarde, llegará. ¿A qué me refiero con morir

> El sueño y la visión nunca pueden estar por encima de tu relación con Dios.

al sueño? Me refiero a sacrificarlo, a reconocer que *el sueño y la visión nunca pueden estar por encima de tu relación con Dios*. Me encantan estas palabras del salmista David:

> «Entrega al Señor todo lo que haces; confía en él, y él te ayudará».
>
> Salmo 37:5 NTV.

Estas palabras son un tesoro para nosotros. Nos hablan de entrega completa y absoluta. Así como la semilla tiene que caer en tierra y «morir» para poder dar a luz una planta, del mismo modo nosotros tenemos que entregar en las manos de Dios todo lo que hacemos. El salmista no dice entrega «algo», sino «todo». ¿Sabes por qué? Porque seremos tentados a querer implementar la visión a través de nuestros planes.

¿Qué quiero decir con esto? Luego de recibir y entender el sueño de Dios con nuestras vidas y de comenzar a ver claramente la visión que está por delante nuestro, nos veremos tentados a comenzar a planificar su implementación según nuestro parecer. Cuando hacemos esto, en realidad estamos perdiendo de mira la verdad que vimos al principio de este capítulo: los pensamientos de Dios no son como nuestros pensamientos. Si tenemos esto claro en nuestra mente evitaremos apresurarnos, retrasarnos o hacer cualquier tipo de cosa que ponga en peligro el cumplimiento de esta visión de acuerdo a la voluntad de Dios. Conocer la visión y tener una motivación noble

> Conocer la visión y tener una motivación noble no implica que dejemos de tener total y completa dependencia de Dios.

(en este caso que lo que Dios nos ha mostrado se lleve a cabo) no implica que dejemos de tener *total y completa dependencia de Dios* en cada paso que demos.

Tomar las riendas de la implementación de la visión según nuestros pensamientos puede causarnos graves problemas. La Biblia está llena de historias de hombres y mujeres que enfrentaron esta tentación. Adán y Eva en el huerto, fueron tentados a gobernar el jardín de acuerdo con su propia sabiduría, en lugar de hacerlo a través de la guía y sabiduría de Dios. Ellos confiaron en que al tomar del fruto del árbol del conocimiento del bien y del mal, iban a poder gobernarlo sin la necesidad de Dios. Conocemos las consecuencias de esta historia. Esta decisión no afectó solamente sus vidas, sino también el futuro de toda la humanidad.

También Abraham y Sara se encontraron frente a esta encrucijada. Cuando Dios le dijo a Abraham que todas las familias de la tierra serían benditas a través de su descendencia, Abraham creyó que Dios tenía el poder de realizarlo. La Biblia define este acto así: «le fue contado por justicia»[18]. Abraham reconoció que la visión dada por Dios estaba muy por encima de sus capacidades. Él no tenía el poder de ejecutarla si Dios no intervenía. No había manera de que la visión fuera llevada a cabo en sus propias fuerzas. Abraham necesitaba una intervención divina, esto es lo que la Biblia denomina una «posi-

> Abraham necesitaba una intervención divina. Debemos reconocer que sin Dios no podemos y confiar en que Él sí puede.

---

[18] «Así Abraham creyó a Dios y le fue contado como justicia». Gálatas 3:6 NBLA.

ción justa o correcta»: reconocer que sin Dios no podemos y confiar en que Él sí puede.

Nosotros hoy sabemos que Abraham confió porque estamos mirando la historia desde la perspectiva del futuro. Ya conocemos el final de la historia. Pero si regresáramos a un tiempo intermedio, a ese «tiempo de la nada», donde Abraham ya había recibido la visión, pero esta tardaba en cumplirse, veríamos que la situación era otra. ¿Qué sucedió en el momento en que Abraham quiso tomar el asunto en sus manos porque veía que el hijo prometido no llegaba? Un desastre trás otro[19].

En esos tiempos tener hijos era visto como riqueza, porque se entendía que en la vejez ellos serían quienes cuidarían de los padres física y económicamente. Cuántos más hijos tenías, mayores eran tus posibilidades de tener una vejez placentera y tranquila. Una costumbre muy común de la cultura de la época consistía en que el patriarca tuviera hijos con sus siervas (lo que hoy llamamos «madre sustituta») para aumentar las posibilidades de supervivencia de la familia. Dios había dado una promesa a Abraham que necesitaba de un milagro; tanto él como su esposa estaban físicamente imposibilitados para llevar a cumplimiento esa visión.

Como la visión tardaba en llegar, Sara, la esposa de Abraham, sugirió a su esposo que tomara a Agar como concubina para sí, con el fin de lograr tener descendencia al menos a través de ella. Cuando Agar quedó embarazada comenzó a mirar a Sara con desprecio y la situación en la casa se convirtió en un infierno. De Ismael, el hijo nacido de Agar y Abraham,

---

[19] Si quieres leer la historia completa, te invito a que vayas al libro de Génesis capítulos 15 al 22.

nacieron muchas naciones que con los años se convirtieron en enemigas de Isaac (el hijo de la promesa). La rivalidad entre Israel (hijo de Isaac) y la descendencia de Ismael fue el fruto de la falta de confianza en el poder y en la sabiduría de Dios.

Sí, es verdad, podemos tomar las riendas y pensar que como la visión es noble, y vino de Dios, no tiene nada de malo comenzar a movernos y poner en marcha planes paralelos que se parecen a lo dicho por Dios pero que no necesitan de su poder y sabiduría para ser llevados a cabo. Son fruto de nuestros pensamientos y de nuestros caminos: fruto de nuestras capacidades y de nuestras fuerzas. Es posible que a nuestro parecer sean buenos y correctos, pero al final, darán como resultado un sin fin de problemas. Hay un proverbio que lo explica de esta forma:

«Hay camino que al hombre le parece derecho; Pero su fin es camino de muerte».

Proverbios 14:12 RVR 1960.

Asegurar el cumplimiento de la visión en tus propias fuerzas y de acuerdo con tus métodos y planes puede llegar a parecer lo correcto y sensato desde tu perspectiva. El problema es que los pensamientos de Dios son más altos que los nuestros. Su perspectiva siempre va más allá de lo que podamos imaginar. Es por eso que *necesitamos depender completamente de Dios*, porque no tenemos la capacidad de comprender las infinitas consecuencias que nuestras decisiones pueden llegar a acarrear cuando tomamos los asuntos divinos en nuestras manos, pensando que podemos llevar a cabo una visión celestial con nuestra limitada y humana perspectiva terrenal. ¿Acaso piensas que realmente tienes la capacidad de ver las múltiples consecuencias que cada una de tus acciones puede desencadenar?

Recuerda que Dios se hizo disponible para darte ese nuevo futuro. Confiar plenamente en la sabiduría de Dios nos dará descanso. Depender de Él es lo mejor que podemos hacer. De lo contrario, correremos el riesgo de no entrar en el reposo de Dios por apresurarnos en los tiempos. Nos pasamos la vida corriendo para un lado y para el otro, llenos de ansiedades y preocupaciones porque no sabemos descansar plenamente en Dios. Nos «PREocupamos», o sea, nos ocupamos antes de tiempo. Comenzamos a hacer cosas para las cuales Dios todavía no movió ciertas piezas que están en su plan. Recuerda que el plan es de Dios. Él es quien ordena y mueve las piezas para formar el complejo rompecabezas. Si tú te adelantas, te preocupas y te mueves antes de tiempo, te hallarás solo. Te perderás de disfrutar de hacerlo con Dios como compañero y de descansar en su sabiduría y poder.

> Recuerda que el plan es de Dios. Él es quien ordena y mueve las piezas para formar el complejo rompecabezas.

En la vida hay un tiempo para todo, y el tiempo de la «nada» es parte del plan. En las sabias palabras que hallamos en el libro de Eclesiastés leemos lo siguiente respecto a los tiempos:

«En esta vida todo tiene su momento; hay un tiempo para todo:

> *Hoy nacemos,*
> *mañana morimos;*
> *hoy plantamos,*
> *mañana cosechamos;*
> *hoy herimos,*
> *mañana curamos;*
> *hoy destruimos,*
> *mañana edificamos;*
> *hoy lloramos,*
> *mañana reímos;*
> *hoy guardamos luto,*
> *mañana bailamos de gusto;*
> *hoy esparcimos piedras,*
> *mañana las recogemos;*
> *hoy nos abrazamos,*
> *mañana nos despedimos;*
> *hoy todo lo ganamos,*
> *mañana todo lo perdemos;*
> *hoy todo lo guardamos,*
> *mañana todo lo tiramos;*
> *hoy rompemos,*
> *mañana cosemos;*
> *hoy callamos,*
> *mañana hablamos;*
> *hoy amamos,*
> *mañana odiamos;*
> *hoy tenemos guerra,*
> *mañana tenemos paz»*
>
> Eclesiastés 3:1-8 TLA.

Es crucial que reconozcamos el tiempo en el cual nos hallamos dentro del plan de Dios. El sueño, la visión y el plan le pertenecen a Él. ¡Cómo cambia nuestra perspectiva cuando aprendemos a disfrutar en la espera! Piensa en los nueve meses de «dulce espera» antes de la llegada de un nuevo integrante a la familia. El recibimiento de la noticia, la anticipación, la espera, los cambios en el cuerpo de la mamá, el crecimiento y desarrollo del bebé, los movimientos. Todo forma parte del proceso. ¡Qué milagro podemos compartir junto a nuestra pareja cuando descansamos y disfrutamos el momento!

Siguiendo el pensamiento del libro de Eclesiastés:

«Mientras tengamos vida, hagamos lo bueno y pasémosla bien. El comer y el beber, y el disfrutar del fruto de tanto trabajo, es algo que Dios nos permite. Eso lo sé muy bien, como sé también que todo lo que Dios ha hecho permanecerá para siempre; a su creación no hay nada que agregarle ni nada que quitarle; Dios lo hizo todo así para que reconozcamos su poder».

Eclesiastés 3:12-14 TLA.

Disfrutemos, hagamos lo bueno y pasémosla bien. Eso también es un regalo que Dios nos da. Dios hizo, hace y hará todo completo. Su creación, sus planes, son completos, no necesitan que les quitemos ni les agreguemos nada. A nosotros nos corresponde reconocer su poder. Para poder hacerlo, debemos permanecer quietos. El salmista lo dice de esta manera: «*Quédense quietos, reconozcan que yo soy Dios…* ». Salmo 46:10 NVI.

> Si nos apresuramos y corremos antes del tiempo establecido por Dios, no estamos reconociéndolo como tal.

Si no nos quedamos quietos, si nos apresuramos y corremos antes del tiempo establecido por Dios, no estamos reconociéndolo como tal. Nos perderemos de disfrutar y de gozarnos en su poder. No entraremos en su descanso por falta de confianza. Eso fue lo que le sucedió al pueblo de Israel, no entró en el descanso de Dios porque se desviaron en sus corazones y no conocieron los caminos de Dios[20].

Muévete con la bendición de tus líderes

Esperar el tiempo de Dios te dará paz. ¿Quieres paz? Espera la bendición de tus líderes. No te apresures, no corras, no salgas corriendo como el llanero solitario sin la bendición de tus líderes. Ellos han sido puestos por Dios, respeta y honra el llamado de Dios sobre sus vidas. Aprende y recibe de ellos todo lo que puedas, créeme, ¡se los agradecerás!

Mi hermano me preguntó más de una vez: «¿Estás seguro de que esto es lo que Dios te está pidiendo?». Como autoridad espiritual en mi vida y como hermano, quería asegurarse de que estábamos plenamente convencidos de que aquello que íbamos a emprender venía de Dios. Es claro que si nosotros seguíamos trabajando en el ministerio de mi hermano teníamos todas las seguridades que un cheque a fin de mes puede proveer. Quedarnos nos daba seguridad económica, eso es claro, pero el Señor nos llamó a otro lugar. Puso ese sueño en nuestros corazones y ahora nos tocaba dar un

---

[20] «Por lo cual, como dice el Espíritu Santo: "Si ustedes oyen hoy Su voz. No endurezcan sus corazones, como en la provocación, como en el día de la prueba en el desierto, donde sus padres me tentaron y me pusieron a prueba, y vieron Mis obras por cuarenta años. Por lo cual Yo me disgusté con aquella generación, Y dije: "Siempre se desvían en su corazón, y no han conocido Mis caminos"; como juré en Mi ira: "No entrarán en Mi reposo"». Hebreos 3:7-11 NBLA.

paso de fe y confianza. Había algo que teníamos muy claro, no íbamos a dar el paso sin contar antes con la bendición de nuestros líderes.

Nuestra obediencia y sujeción al liderazgo puesto por Dios sobre nuestras vidas es fundamental en el desarrollo de nuestro carácter. Además, ese tiempo de espera saca a la luz las verdaderas motivaciones de nuestro corazón. Lo que esté sucediendo en nuestro interior es lo que luego se manifestará en nuestras acciones [21]. ¿Vamos a ser obedientes y a confiar en que así como Dios nos habló a nosotros también le va a hablar a las personas que Él mismo ha puesto en autoridad sobre nuestras vidas?

> Lo que esté sucediendo en nuestro interior es lo que luego se manifestará en nuestras acciones.

Espera con paciencia la bendición de tus líderes, aprovecha ese tiempo para hacerles preguntas. ¿En qué áreas necesito crecer? ¿Cómo puedo prepararme para lo que Dios ha puesto en mi corazón? Recuerda que tus líderes estuvieron en tu lugar en otro tiempo, ¿quién mejor para guiarte y asesorarte en este proceso? No te pierdas de llenarte de sabiduría y consejos que pueden ser de gran valor en un futuro muy cercano. En lugar de ver este proceso como un freno, cambia la perspectiva y reconoce que esas preguntas y consejos pueden ayudarte a avanzar mucho más rápidamente. ¡Quién sabe de cuántos problemas podrás ser librado gracias a mantener tus oídos atentos al sabio consejo de tus líderes! Atesora sus palabras, valora este

---

[21] «¿De qué sirve, hermanos míos, si alguien dice que tiene fe, pero no tiene obras?». Lucas 6:45 RVR 1960.

tiempo y el proceso. Dios está mirando tu corazón, tu actitud y tu comportamiento. Tu enfoque es fundamental. Aprovecha este tiempo para crecer en todas las áreas en las que tu líder te haga notar que necesitas crecer. Este proceso requerirá de mucha humildad y obediencia, pero créeme, es una escuela que tiene un valor incalculable.

Otro aspecto en el que yo pude notar mi crecimiento espiritual en ese período fue en cuanto a la *disciplina*. Hasta ese momento, yo estaba acostumbrado a tener preparados unos 4 ó 5 sermones para cuando salíamos de gira. Las personas que nos escuchaban eran siempre diferentes así que con base en lo que Dios me estaba hablando en ese tiempo, yo ya tenía un mensaje preparado que adaptaba según lo que Dios me dijera que necesitaba comunicar en cada congregación. Ahora bien, una cosa es preparar sermones para una gira de adoración y algo muy diferente es preparar un mensaje nuevo cada semana para el mismo grupo de personas. En la iglesia de mi hermano yo estaba a cargo del grupo de jóvenes, y predicarle a ese grupo un mensaje distinto cada semana fue mi gimnasio de entrenamiento espiritual. Esa rutina semanal me enseñó disciplina: tuve que desarrollar hábitos que fortalecieron mis «músculos espirituales» y me prepararon para lo que hago hoy. Es claro que en ese momento yo no me daba cuenta de lo que estaba sucediendo en mi interior, pero hoy, mirando atrás, puedo ver cómo Dios en su infinita sabiduría me estaba preparando para los desafíos que enfrentaría más adelante.

Mientras caminas en obediencia y sujeción al liderazgo que Dios ha puesto sobre tu vida, es clave que desarrolles el hábito de observar todo lo que tu líder hace para llevar a cabo la visión que Dios le ha dado y en qué difiere su visión respecto a la que Dios te ha dado a ti. Es decir, todo lo que tu líder hace tiene un propósito, nace de una visión dada por Dios. Ahora bien, observa y aprende teniendo en cuenta la visión que Dios te ha dado a ti. Si Dios te ha llamado a predicar a adolescentes y tu líder le predica a personas de mediana edad, es claro que el modo como él comunica su mensaje es diferente del modo como tú tendrás que hablarle a la audiencia que Dios te llama a predicar. Piensa en todo lo que él hace que tú no harías simplemente porque tiene que pasar por el filtro de la visión que Dios te ha dado a ti. Lo que tu líder hace puede ser buenísimo, pero es posible que no se adapte ni tenga nada que ver con lo que Dios te está pidiendo.

Recuerdo que escuchaba los sermones de mi hermano y pensaba continuamente en cómo yo tenía que adoptar una forma diferente de comunicar ese mismo mensaje, con base en el lugar a donde Dios me estaba enviando. El mensaje de la Buena Noticia del Evangelio de Jesucristo es siempre el mismo, no cambia porque Dios es el mismo ayer, hoy y siempre. Pero es fundamental que tú y yo aprendamos a comunicar este mismo mensaje teniendo en cuenta a las personas que Dios ha puesto a nuestro alrededor. ¿Qué edad tienen? ¿A qué se dedican? ¿Cuáles son sus intereses? ¿Qué ejemplos relevantes a la cultura en la cual estas personas viven puedo usar para que ellos entiendan mejor el mensaje del evangelio? Y al mismo tiempo, ¿qué cosas no tengo que hacer? ¿Qué palabras o ejemplos son irrelevantes u ofensivos para estas personas? Aplicar el filtro de la visión que

> Aplicar el filtro de la visión que Dios puso en mi corazón me enseñó a descubrir y encontrar mi propia voz.

Dios puso en mi corazón me enseñó a descubrir y encontrar mi propia voz. Aprendí a no compararme con otros líderes sino a aprender de ellos y aplicar lo que me servía y a dejar de lado lo que no era para mí. Fue así cómo pude encontrar mi propia voz y mi propia identidad como siervo de Dios.

Mientras tanto...

Hemos apreciado juntos valiosas actitudes, habilidades y disciplinas que podemos desarrollar en el tiempo de espera o en el mientras tanto... Ahora, quisiera compartirte mi experiencia en cuanto al enfoque necesario para afrontar los nuevos desafíos que tendrás por delante.

No sé tú, pero yo he notado que frente a la incertidumbre de los nuevos desafíos muchas personas pierden la paz con muchísima rapidez. ¿De qué sirve la paz cuando todo está tranquilo y no tenemos desafíos ni dificultades? La fe sin obras es muerta[22]. Podemos reconocer que tenemos paz cuando esta permanece en nuestros corazones frente a los desafíos. Si Elena y yo no hubiésemos tenido paz, por la noche, habríamos comenzado a dar vueltas en la cama con un millón de preguntas: «¿Cómo vamos a hacer? ¿De dónde vamos a sacar el dinero? ¿Dónde vamos a vivir? ¿Quién nos va ayudar con la parte legal y administrativa de la iglesia?». Ya puedes imaginarte con qué rapidez podríamos haber perdido nuestra paz.

Tu enfoque va a definir si vas a enfrentar los desafíos con paz o con temor. Si tu mirada está fija en el Príncipe de

---

[22] «¿De qué sirve, hermanos míos, si alguien dice que tiene fe, pero no tiene obras?... ». Santiago 2:14 NBLA.

Paz, sabes que puedes dormir tranquilo porque Él tiene todo bajo control. La paz que Jesús nos da no es la paz que da el mundo. La paz del mundo es temporal y se termina apenas enfrentamos dificultades. La paz de Jesús es eterna, no está ligada al tiempo ni al espacio; brilla ante los desafíos y la incertidumbre.

> La paz del mundo es temporal y se termina apenas enfrentamos dificultades. La paz de Jesús es eterna.

Mientras esperas la bendición de tus líderes, deja que la paz de Dios inunde tu corazón. En lugar de agobiarte por el peso de cómo Dios va a ejecutar su sueño con tu vida, piensa: ¿de quién es el sueño, la visión y el plan? De Dios, entonces Él se va a encargar de cada uno de los detalles. Aprende a descansar en tu mente, pero, mientras tanto… sirve a Dios allí donde estés. Hazlo de todo corazón, sigue haciendo lo que estás haciendo, no te detengas porque a su tiempo el futuro que Dios prometió llegará. Dios ha estado y estará disponible en cada etapa del camino hasta llegar. La pregunta que nace luego de haber descubierto su disponibilidad y su sueño con tu vida es: «Tú, ¿estás disponible?».

Resumen del capítulo 6:

Dios está disponible para darte un nuevo futuro

- *La perspectiva desde la cual te encuentras aumenta o disminuye el tamaño de todo lo que ves.*

- Cuando Dios tiene un deseo da la palabra, y una vez que sale de su boca no regresa sin cumplir con su propósito.

- Abre tu mente y comienza *a ver la vida desde la perspectiva de Dios.* Pídele a Dios que te muestre sus sueños.

- Los sueños de Dios con nosotros siempre involucrarán a otras personas, y esos sueños, puestos juntos, entretejen un rompecabezas que para nosotros sería imposible de entender.

- A través de todas las dificultades yo aprendí en carne propia que Dios funciona, que Él está vivo y activo en nuestras vidas y que tiene un plan, un futuro y una esperanza para todos aquellos que ponen su confianza en Él.

- Uno de los mejores filtros para saber si lo que estás escuchando viene de parte de Dios es el tiempo, sumado a que lo que escuchaste esté alineado con la Palabra de Dios.

- Nuestra relación con Dios produce fruto espiritual en nuestro carácter que luego se manifestará en nuestras acciones. *Lo que aparentemente es un tiempo de «nada» en realidad es «tiempo de maduración».*

- Los pensamientos de Dios no son como nuestros pensamientos. Si tenemos esto claro, evitaremos apresurarnos, retrasarnos o hacer cualquier tipo de cosa que ponga en peligro el cumplimiento de esta visión.

- El sueño, la visión y el plan le pertenecen a Dios. Él es quien ordena y mueve las piezas para formar el complejo rompecabezas de tu vida.

- Tu enfoque va a definir si vas a enfrentar los desafíos con paz o con temor. Si tu mirada está fija en el Príncipe de Paz, sabes que puedes dormir tranquilo porque Él tiene todo bajo control.

Versículo clave:

«Entrega al Señor todo lo que haces; confía en él, y él te ayudará».

Salmo 37:5 NTV.

Reflexión personal:

- ¿Qué visión sientes que Dios te ha dado para tu futuro?

- ¿Qué cambiaría hoy en tu vida si te atrevieras a ver tu realidad personal desde la perspectiva de Dios?

- ¿Qué te ves tentado a hacer en tus fuerzas y capacidades para intentar acelerar el cumplimiento de la visión?

> Dios está disponible

- ¿Hay algún fruto espiritual que Dios te está pidiendo que desarrolles para que su visión pueda comenzar a implementarse en tu vida?

Palabras de vida:

«Porque yo sé muy bien los planes que tengo para ustedes —afirma el Señor—, planes de bienestar y no de calamidad, a fin de darles un futuro y una esperanza». Jeremías 29:11 NVI.

«Los ojos del Señor recorren toda la tierra para fortalecer a los que tienen el corazón totalmente comprometido con él...».
2 Crónicas 16:9 NTV.

«Oh Señor, has examinado mi corazón y sabes todo acerca de mí. Sabes cuándo me siento y cuándo me levanto; conoces mis pensamientos, aun cuando me encuentro lejos. Me ves cuando viajo y cuando descanso en casa. Sabes todo lo que hago. Sabes lo que voy a decir incluso antes de que lo diga, Señor».
Salmos 139:1-4 NTV.

«Ahora bien, la fe es la certeza de lo que se espera, la convicción de lo que no se ve». Hebreos 11:1 NBLA.

«Porque ciertamente hay un futuro, Y tu esperanza no será cortada». Proverbios 23:18 NBLA.

CAPÍTULO SIETE

Yo, ¿estoy disponible?

«No tienes que ser grande en algo para empezar, pero tienes que empezar para ser grande en algo».

Zig Ziglar.

Hay muchas personas que se pierden de participar en los sueños de Dios porque piensan que necesitan ser talentosos, capaces y con muchos recursos para poder servirlo. Pero *Dios, antes que nada, busca personas dispuestas*. Personas que rindan sus propios deseos a la perfecta voluntad de Él y se animen a decirle: «Señor, tú diste tu vida por mí, ahora es mi turno, ¡ahora yo estoy disponible para ti!». Ese es el punto de encuentro que desbloquea el llamado y el sueño de Dios para tu vida. Todo nace en el corazón y comienza en el momento en el que dices: «Hágase tu voluntad». Dios busca vasos dispuestos más que talentos. Dios está buscando vasos disponibles.

> Dios busca vasos dispuestos más que talentos. Dios está buscando vasos disponibles.

¿Sabes?, en la vida muchos afirman que su éxito personal es el resultado de haberse encontrado en el lugar justo y en el momento correcto. En mi vida, yo he visto que todo lo que he logrado ha sido determinado porque yo rendí mi disponibilidad delante de mi Creador, delante de ese maravilloso Dios que soñó conmigo y contigo.

Si hoy alguien me preguntara: «¿Cómo has llegado a ser quien eres?». Yo les respondería: «Estoy aquí no solo por la gracia de Dios, sino también porque yo le rendí mi vida. Y así como Él estuvo disponible para mí, yo decidí estar disponible y dispuesto a rendirle mi vida por completo».

No es casualidad que Jesús nos enseñe: *«Lo más importante es que reconozcan a Dios como único rey, y que hagan lo que él les pide. Dios les dará a su tiempo todo lo que necesiten»*. Mateo 6:33 TLA. ¿Es Dios tu prioridad número uno? ¿Es Dios tu único rey? ¿Quién está sentado en el trono de tu corazón? Cuando esa prioridad esté resuelta, a su tiempo, Él te dará TODO lo que necesites para servirle.

No limites a Dios con tus limitaciones

Hay mucha gente que está llena de talento; yo diría que el talento les brota hasta por los poros, pero les falta disponibilidad y, otras veces, disciplina. Cuando Elena y yo comenzamos nuestra carrera como cantantes, pude ver que a nuestro alrededor habían muchísimas personas con mucho talento y quizás hasta más capaces. Pero cuando llegaba la hora de brindar disponibilidad para poder servir, casi siempre decían que no, mientras que nosotros decíamos que sí. Nuestra carrera despegó porque nosotros estuvimos dispuestos a servir donde otros no querían servir. Nosotros fuimos disciplinados y obedientes al llamado y al sueño de Dios en nuestras vidas y eso fue lo que marcó la diferencia. *Dios promueve la disponibilidad.*

Comencé mi carrera musical luego de haber aprendido cuatro acordes. Sí, has leído bien, cuatro acordes. Una navidad mi madre me regaló una guitarra que costó unos noventa dólares. Una guitarra que no tenía ni marca, pero que me hizo poner en práctica mis cuatro acordes: Sol, Re, Do, y La menor. Hasta el día de hoy hice mucho con esos cuatro acordes. *Dios obra a través de las personas a pesar de sus limitaciones.* No podemos limitar a Dios por pensar limitadamente; si Él pudo formar al hombre y a la mujer soplando su aliento de vida sobre la tierra, puede guiarte a crear canciones con cuatro acordes.

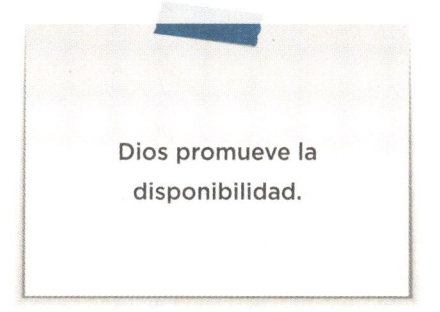

> Dios promueve la disponibilidad.

Dios no tiene límites, no es un Dios limitador. Nosotros somos los que ponemos límites. ¿Hasta dónde vamos a dejarle actuar en nuestras vidas? Todo empieza por entregarle nuestras limitaciones. Deja que Dios haga a través de tu vida lo que Él puede hacer con lo que tienes *ahora* en tu mano. A mí me entregó una guitarra barata y cuatro acordes. En manos de Dios eso que a muchos puede parecerles poco, se convirtió en algo que fue más allá de lo que nosotros mismos hubiésemos podido soñar o imaginar.

Dios busca personas disponibles; hijos e hijas que confíen plenamente en su poder y que estén dispuestos a entregar en sus manos talentos y habilidades por pequeños e insignificantes que estos parezcan. Si tu corazón está decidido a decir como Jesús: «Hágase tu voluntad», entonces ha llegado el momento de afinar tus oídos para escuchar atentamente la voz de Dios en cada área de tu vida.

Dios tampoco tiene límites respecto a cómo nos muestra sus sueños y a cómo nos guiará para implementar la visión, que como dijimos en el capítulo anterior, es de Él. Por lo tanto, ¿quién mejor que Él para guiarnos en el proceso? Nuestra dificultad más grande reside en cómo escuchamos la voz de Dios, y creo que esta es una de las preguntas que la gente más se hace.

> Nuestra dificultad más grande reside en cómo escuchamos la voz de Dios.

¿Cómo puedo reconocer la voz de Dios?

La forma más clara a través de la cual Dios se ha revelado mostrándonos quién es Él, lo que ha hecho y lo que hará, es a través de la Biblia. Si quieres escuchar la voz clara, nítida y perfecta de Dios, necesitas leer su Palabra. Tienes que atesorarla, porque será el sustento que te ayudará a discernir si lo que otras personas de confianza te están diciendo viene de parte de Él o no. Nuestro Dios es un Dios de orden, no se contradice, *si lo que estás sintiendo o escuchando que tienes que hacer está en contra de cualquier tipo de principio que halles en la Biblia, puedes tener la plena seguridad de que no viene de Dios.* Así de simple. Por eso, es fundamental que desarrolles y crezcas en la disciplina de la lectura, meditación y estudio *diario* de la Palabra de Dios. ¿Crees que podrás discernir si la voz que estás escuchando viene de Dios si no conoces los principios que Dios ha revelado clara y específicamente a través de su Palabra? Claramente no.

Una vez que estás cimentado y firme en la Palabra de Dios, te animo a que no limites a Dios en cuanto a cómo te puede hablar. Muchas personas creen que Dios habla de una cierta manera, o tienen una expectativa específica respecto a cómo ellos esperan que Dios les hable. Dios no le habla a todos de la misma manera. A algunos les habla a través de sueños, a otros con visiones o sonidos. A veces te habla a través de una persona: tu mamá, tu esposa, tu pastor, tu mejor amigo. Dios también habla a través de las circunstancias, las pruebas, las dificultades. Si tú formas parte del rebaño del Buen Pastor, aprenderás a dejarte guiar por su voz. En su Palabra nos lo explica así:

> «*Mis ovejas oyen mi voz, y yo las conozco, y me siguen, y yo les doy vida eterna; y no perecerán jamás, ni nadie las arrebatará de mi mano*».
>
> Juan 10:27-28 RVR 1960.

Oye, reconoce y sigue. Ese es el orden hacia una vida que jamás perecerá y que está guardada y protegida en manos de quien guarda nuestra alma. Cuando oyes la voz de Dios (a través de los diferentes canales que puede usar para hablarte) reconócela (ponla a prueba y verifica) y luego, síguela. De nada sirve escuchar la voz de Dios y reconocer que Dios te está hablando, si luego vas a hacer tu voluntad. Si abres tus oídos y oyes su voz, síguela, acompáñala con tu accionar. Seguir el camino que Dios te indique te llevará a vivir plenamente y seguro en Él.

> Tú puedes ser limitado al escuchar y dejarte influenciar por personas que no viven de acuerdo con el corazón de Dios.

Todo esto es muy bueno y claro, sin embargo, la Biblia también nos habla sobre la importancia de rodearnos de personas que tengan a Dios como prioridad. ¿A quién escuchas? ¿Qué voces tienen el poder de influenciar tu vida? Dios no tiene limitaciones, pero tú puedes ser limitado al escuchar y dejarte influenciar por personas que no viven de acuerdo con el corazón de Dios.

En el Salmo 1:1-6 (NTV) vemos una clara contraposición:

*«Qué alegría para los que
no siguen el consejo de malos,
ni andan con pecadores,
ni se juntan con burlones,
sino que se deleitan en la ley del Señor
meditando en ella día y noche.
Son como árboles plantados a la orilla de un río,
que siempre dan fruto en su tiempo.
Sus hojas nunca se marchitan,
y prosperan en todo lo que hacen.*

¡No sucede lo mismo con los malos!
Son como paja inútil que esparce el viento.
Serán condenados cuando llegue el juicio;
los pecadores no tendrán lugar entre los justos.
Pues el Señor cuida el sendero de los justos,
pero la senda de los malos lleva a la destrucción».

Quien sigue el consejo de los malos, anda con pecadores y se junta con burlones, es como paja inútil, llevados de aquí para allá. No tienen raíces, no están arraigados ni cimentados en nada; no reciben vida de ninguna fuente, se los lleva el viento. ¿Alguien así puede prosperar en algo? Absolutamente no. En cambio, quien se deleita y medita en la Palabra de Dios de día y de noche es como un árbol plantado. Tiene vida, raíces profundas, es inamovible, aunque vengan vientos, dificultades y tormentas, allí está. Nada lo mueve ni lo quita del lugar en que fue puesto por Dios. Esas raíces profundas en la Palabra de Dios le dan la nutrición continua y necesaria para poder crecer y desarrollarse. Con plena seguridad, esa persona a su tiempo dará fruto y sus hojas nunca se marchitarán, ¡nunca! Prosperarán en TODO lo que hagan. ¡Qué maravillosa promesa!

Puedes ver claramente que el Salmo nos muestra cuán importante es invertir tu tiempo en la meditación diaria de la Palabra de Dios. ¡Cuánto necesitamos reconocer la importancia y el privilegio que tenemos de poder acceder a tan grande bendición! ¿Quieres ser prosperado en todo lo que haces? Deléitate en la Palabra de Dios, aprende a disfrutar de ese tiempo, deja que Dios te hable. Tu vida y tu futuro dependen de ello.

Dios no tiene límites, nosotros limitamos su accionar cuando no echamos raíces profundas en su Palabra, cuando no dedicamos tiempo a escuchar su voz. *Disponibilidad y disciplina van de la mano.* Si estás disponible y pones tu talento (por pequeño que este te parezca) en las manos de Dios, entonces, lo que a ti te parece poco, insignificante o limitado, en Sus manos se vuelve algo grandioso. Yo tenía una guitarra barata y cuatro acordes, tú ¿qué tienes en tus manos? Ponlo a disposición de Dios. Déjate guiar por su voz y rodéate de gente sabia[23].

> Dios no tiene límites, nosotros limitamos su accionar cuando no echamos raíces profundas en su Palabra.

Rodéate de la gente correcta

Durante el aparente «tiempo de la nada» Elena y yo nos educamos en cuanto a cómo implementar el sueño que Dios nos había dado. Nos propusimos viajar y conocer iglesias y pastores que «sonaban» como el sueño que Dios había puesto en nuestros corazones. Hicimos una lista con muchísimas preguntas y cada respuesta fue para nosotros como un estudio intensivo acerca de todo lo que hay que hacer y de lo que no hay que hacer. Todavía hoy regreso constantemente a esas preguntas y máximas de sabiduría de personas que han dedicado sus vidas al servicio del reino de Dios.

Aquí te dejo algunas de estas preguntas, quizás te sirvan como inspiración, para que al rodearte de personas que tienen un sueño o una visión parecida a la tuya puedas aprender a

---

[23] Camina con sabios y te harás sabio; júntate con necios y te meterás en dificultades. Proverbios 13:20 NTV.

escuchar y a atesorar sus experiencias de vida. Mis preguntas tienen que ver específicamente con la plantación de una iglesia. Sin embargo, creo que en tu mente puedes adaptarlas al llamado específico que Dios ha puesto en tu corazón.

- ¿Qué hubieses deseado saber antes de comenzar una iglesia?
- ¿Cómo conseguiste el dinero para empezar?
- ¿A qué cosas le dijiste que sí y a qué cosas tuviste que decir no?
- ¿Qué cosa te costó más decirle no?
- ¿Cómo dices no, sin herir a las personas?
- ¿Cuál es la habilidad ministerial que identificas como la más difícil de desarrollar?
- ¿Cómo puedo convertirme en un mejor líder?
- ¿Qué libros estás leyendo ahora?

Yo me tomé el tiempo de rodearme de la gente correcta. Alguien dijo que *«somos el promedio de las cinco personas con las cuales más nos relacionamos».* Aquellos que nos rodean tienen el poder de influenciar nuestras vidas. *Escoge diligentemente con quién te vas a juntar, a quiénes vas a escuchar y quiénes tendrán el poder de hablar a tu vida.* En mi caso, solo tengo cuatro espacios disponibles porque uno es de mi esposa. No puedo dejar de recalcar la importancia de cuidar tu círculo de influencia.

Si Dios te llama a diseñar edificios, rodéate de los mejores arquitectos y artistas que conozcas. Y, si no los conoces, investiga, busca y asesórate. No pares hasta que los encuentres, no te detengas hasta que respires, te muevas y veas qué es lo que los distingue de la gente promedio. Sé disciplinado, trabaja incansablemente, aprende de ellos. Hazles preguntas, fíjate cómo administran el tiempo, qué los inspira, cómo se motivan, quiénes son sus modelos a seguir. Sé diligente y sabio en la búsqueda de mentores.

Uno de mis mentores principales es mi suegro, Marcos Witt. Estar con él me abrió un mundo fuera de serie. Me convertí en una esponja. Pasé años observándolo y aprendiendo de él. Prestaba atención a cómo y cuándo hacía chistes, miraba con qué mano tomaba la Biblia, cuántos minutos le tomaba entrar en el tema principal cuando predicaba y cómo se movía en el escenario. Entendí que, si aprendía a moverme en lo físico, lo espiritual ya estaba dado por Dios. Me ocupé en formarme en todo lo que tiene que ver con la comunicación. No solo por el contenido de lo que quería decir (el mensaje), sino por cómo podía comunicarlo de una mejor manera. Observar a mi suegro me permitió aprender de él, y luego, implementar lo aprendido bajo su mentoría hizo que no solo creciera más rápidamente, sino que esto también me ayudó a hacerlo confiadamente ya que sabía que ante cualquier duda o problema tenía a quién recurrir.

> Escoge diligentemente con quién te vas a juntar, a quiénes vas a escuchar y quiénes tendrán el poder de hablar a tu vida.

Quiero contarte una experiencia que ilustra perfectamente el proceso de aprendizaje constante que te animo a incorporar para implementar la visión que Dios te haya dado o te dé. Estando en Guatemala, luego de terminar un concierto, nos llevaron a un aeropuerto pequeño desde donde teníamos que salir en helicóptero para llegar rápidamente a una noche de adoración. Cuando subí al helicóptero junto a mi suegro, me senté en la parte de atrás, y el piloto invitó a mi suegro a sentarse en el asiento del copiloto. Yo sentía como que no me alcanzaban los ojos para grabar en mi mente todo lo que estaba viendo. El helicóptero era súper: la parte de abajo del suelo era transparente, ¡imagínate la sensación que puedes experimentar en un helicóptero con el suelo transparente! El corazón me latía a más no poder solo de pensar lo que iba a ser viajar hacia la próxima ciudad viendo todo lo que estaba bajo mis pies.

Mientras estaba tratando de manejar mis emociones, comencé a escuchar que mi suegro le hacía muchísimas preguntas al piloto. Yo no era el único que estaba emocionado. Para mi suegro esto representaba una nueva oportunidad de aprendizaje ya que él es piloto de avionetas. Marcos es una persona que no para de aprender, constantemente está viendo cómo puede incorporar algo nuevo con base en lo que ya le es conocido. Resultó ser que el piloto también era instructor de vuelo, por lo que se pusieron a hablar de comandos, alturas, pedales, mediciones y a comparar los comandos del helicóptero con los de las avionetas.

Cuando el piloto se dio cuenta de que mi suegro tenía conocimientos y horas de vuelo, lo animó a que tomara los controles del copiloto por unos segundos. Antes de que yo pudiera decir: "¡Ah!", mi suegro ya estaba levantando el helicóptero y moviéndolo de arriba a abajo y de izquierda a derecha. Me pegué un susto que ni te cuento. Los movimientos eran abruptos porque Marcos estaba probando el funcionamiento de los controles. ¡Casi me da un ataque cardíaco! Mi suegro y el piloto sabían exactamente lo que estaba sucediendo, pero yo no. Él estaba tomando riesgos calculados, tenía experiencias previas con el manejo de avionetas que le permitían tomarse el riesgo de enfrentar un nuevo desafío confiadamente porque el piloto instructor (su mentor) estaba a su lado, listo para tomar el control de inmediato si él fallaba en algo.

Mi suegro pudo aprender a implementar sus conocimientos previos y comparar lo que ya sabía con lo nuevo, sin temor alguno y confiadamente porque a su lado estaba su mentor. En cuestión de minutos tomó los controles del helicóptero y salió volando como si lo hubiese hecho toda su vida. Lo que yo vi ese día fue una de las lecciones más trascendentes sobre el liderazgo que jamás haya imaginado. Una de esas lecciones que no aprendes en la escuela, la universidad, ni a través de ningún libro. ¡Aprendí la importancia de tener a nuestro lado personas capaces de enseñarnos a tomar el comando y salir volando!

> Un líder nunca deja de aprender. Observa, compara lo que conoces y toma riesgos calculados implementando lo nuevo.

Los líderes nunca dejan de aprender. Esto se logra observando, comparando con lo que ya forma parte de tu conocimiento y tomando riesgos calculados al implementar lo nuevo. Si no estás dispuesto a tomar ese riesgo, es porque no confías en tu mentor o no confías en ti mismo. Nunca sabrás si de verdad has aprendido algo hasta que no lo pongas en práctica. Y nunca crecerás si no estás dispuesto a implementar lo aprendido.

Mi suegro podría haberse quedado con la explicación y comparación de las similitudes y diferencias entre volar una avioneta y un helicóptero. Ese conocimiento podría haberse quedado en su cabeza y nada más. Si él no hubiera confiado en el instructor, se habría perdido la experiencia y el aprendizaje de volar un helicóptero. Hoy él cuenta con esa experiencia en su memoria. ¡Aprendió de verdad! Calculó los riesgos, confió en su mentor y voló confiadamente hacia su destino.

A veces me pregunto si esto es lo que experimentó Pedro cuando vio a Jesús caminando sobre las aguas[24]. Jesús se había quedado orando a solas después de enviar a sus discípulos a cruzar el lago. Se levantó una tormenta mientras ellos se encontraban lejos de tierra firme. El viento contrario era tal que luchaban contra las grandes olas. En eso, apareció «alguien» caminando sobre las aguas. Todos los discípulos estaban aterrados, pero Pedro, inquieto como era, dijo: «Jesús, si realmente eres tú, ordéname que vaya hacia ti caminando sobre el agua». Jesús le respondió: «Sí, ven». Entonces, ¡Pedro caminó sobre las aguas!

Mientras mantuvo su mirada fija en Jesús, mientras escuchó la voz de su mentor y confió en su poder, logró algo que nunca jamás ningún otro ser humano (excepto Jesús por supuesto) había logrado. Pedro vio a Jesús alimentando a miles de personas, sanando enfermos y liberando a los oprimidos. Sabía que no había milagro alguno ni enfermedad que pudiera hacerle frente al Creador del universo. Había aprendido que Jesús era capaz de lograr lo que nadie más podía hacer. Su nivel de

---

[24] Mateo 14: 22-33.

confianza era tal, que al ver a Jesús haciendo algo tan loco como caminar sobre las aguas, él mismo se atrevió a hacer lo imposible. Su mentor estaba ahí, en medio de la tormenta, y mientras se mantuvo con la mirada fija en Jesús logró lo inimaginable.

En el mismísimo momento en que quitó sus ojos de Jesús para mirar a la tormenta, se hundió. Las aguas lo cubrieron, pero al gritar: «¡Sálvame!», de inmediato Jesús se acercó, extendió su mano y lo agarró. ¡Qué maravillosa promesa! Tu mentor siempre va a estar ahí a tu lado. No hay viento o tormenta que logre hundirte. Él siempre está listo para rescatarnos cuando caemos frente a los desafíos de la vida.

A continuación, Jesús le hace una pregunta: «¿Por qué dudaste de mí?». ¡Imagínate! Si con esa poca fe Pedro pudo caminar sobre las aguas, ¿cuánto más podríamos hacer nosotros si mantenemos *siempre* nuestra mirada fija en Jesús? ¿Cuánto más podríamos hacer si no miramos a la tormenta, no escuchamos a los vientos y no dudamos? Los desafíos que enfrentamos en la vida son una fuente de aprendizaje, una oportunidad de poner en práctica lo que hemos aprendido. Podemos tomar los comandos de un helicóptero y volar, también caminar sobre las aguas. Todo es posible cuando nuestro mentor está a nuestro lado enseñándonos y guiándonos. ¡Cuánta paz nos da saber que aún sumergidos en un mar de dudas Jesús siempre está dispuesto a rescatarnos si nos hundimos! ¡Qué

> ¡Si mantienes tu mirada fija en Jesús puedes lograr lo imposible!

emocionante es saber que si mantienes tu mirada fija en Jesús puedes lograr lo imposible!

No hay plan B

Es fundamental que podamos reconocer a qué hemos sido llamados por Dios. En el aspecto humano esto puede implicar correr riesgos, pero puedo asegurarte que si Dios te habla es mucho más seguro correr detrás de Su voz que correr en contra de lo que fuiste creado para hacer.

Para mí no había un plan B. *Hacer la voluntad de Dios se convirtió en mi único plan.* Muchas veces las personas comienzan a implementar un sueño o una visión con un plan B ya en vista. Tienen en la mira la posibilidad de fracaso y qué hacer si las cosas no van como uno espera. No fue así para nosotros.

Elena y yo sabíamos que Dios nos había creado para esto. Nacimos para Hosanna Woodlands. Esta iglesia está en nuestro ADN, corre por nuestras venas, es nuestra vida porque así Dios lo dijo y sus palabras no vuelven a Él vacías. Su propósito se volvió nuestro propósito, Elena y yo declaramos: «Yo y mi casa serviremos a Jehová». Nunca nos dimos la opción de probar a ver cómo nos iba, como si fuera una opción más de nuestras vidas. Nunca fue así. Nosotros siempre tuvimos bien claro que la visión que Dios había puesto en nuestro corazón era «la única opción», no había otra.

Y así fue cómo comenzamos a recorrer la ciudad de The Woodlands junto a nuestros hijos. Elena, Krystal, Marcos y yo, comenzamos nuestros viajes por la ciudad. Salíamos en nuestro carro a orar mientras «reconocíamos el territorio», al igual que los espías habían reconocido el territorio de la tierra que fluía leche y miel. Orando le decíamos a Dios: «Señor, danos esta ciudad; Padre bendecimos este territorio, las personas, los negocios, las escuelas, los hospitales. Venga tu reino a The Woodlands y hágase tu voluntad aquí de la misma manera en que tu voluntad se hace en el cielo». Y cuando tuvimos la luz verde de parte de Dios, la tomamos en nuestro corazón. Si Dios nos la dio, nada ni nadie nos puede detener.

No te des un plan B. Hoy mismo comienza a caminar y a confiar en que el sueño que Dios ha puesto en tu corazón será tu única opción. Eso sí, asegúrate de que sea Dios quien esté poniendo ese sueño en tu corazón. Y, además, recuerda que el llamado de Dios no implica que todo vaya a ser color de rosa y fácil. Para nada, de hecho, a veces sucede todo lo contrario. Pero lo que sí te puedo asegurar es que el llamado de Dios te hace sentir seguro y te da paz en medio de la tormenta.

La seguridad del llamado no equivale a comodidad

La seguridad que Dios da no siempre está acompañada de comodidad, pero sí de paz. Dios nos guía con su paz que sobrepasa nuestro entendimiento. Su voz nos guía, su paz en nuestros corazones confirma que lo que estamos escuchando viene de Dios. Esto no implica que el camino por delante estará libre de dificultades, sino justamente todo lo contrario. Son esas dificultades las que ejercitan nuestro hombre interior a fin de acondicionarnos para ejercer la plenitud de nuestro ministerio. Sin resistencia no hay crecimiento. La resistencia y la oposición son el gimnasio de entrenamiento que nos permitirá el desarrollo pleno de nuestra musculatura espiritual, sin la cual, no podríamos vencer los gigantes que tendremos que enfrentar.

El llamado de Dios te va a costar todo. Jesús dijo: *«Porque todo el que quiera salvar su vida, la perderá; y todo el que pierda su vida por causa de mí, la hallará»*. Mateo 16:25 RVR1960. Nuestra vida cobra sentido cuando la rendimos a la voluntad de Dios. Pero eso no nos garantiza que todo vaya a ser fácil. En Romanos 8:28 Pablo lo dice así: *«Y sabemos que para los que aman a Dios, todas las cosas cooperan para bien, esto es, para los que son llamados conforme a su propósito»*. Cuando Dios dice *todas las cosas*, significa *todas las cosas*. Las buenas y las malas. Tener a Dios de nuestro lado no implica que no vayamos a enfrentar dificultades solo porque el sueño y la visión que estamos llevando a cabo sean de parte de Dios. ¿Acaso piensas que el enemigo de nuestras almas no se prepara para atacarnos e impedirnos llevar a cabo el plan de Dios cuando sabe que hay miles de personas que están esperando escuchar el mensaje de la buena noticia de Jesucristo? Ignorar que estamos en guerra contra un enemigo que hace todo lo posible por detenernos es de necios. Así que, ajústate el cinturón y prepárate para pelear la buena batalla de la fe.

Hay procesos y batallas que van a acompañarnos mientras hacemos la voluntad de Dios. Hay tormentas que enfrentaremos haciendo la voluntad de Dios. Piensa en la vida del apóstol Pablo y lee sus cartas a las iglesias, verás que su vida no fue para nada cómoda; al contrario, algunos en cierto punto comenzaron a poner en duda su ministerio porque pasaba mucho tiempo en la cárcel, perseguido y apedreado hasta dado casi por muerto. Imagínate en el día de hoy, cómo se vería la vida del apóstol: «Famoso predicador y fundador de iglesias arrestado y llevado a juicio por perturbar la paz pública». Su ministerio, ante los ojos de lo que el mundo consideraba y considera «éxito», no tenía nada de atractivo. Sin embargo, nada ni nadie lo movía; sus raíces estaban profundamente arraigadas en la palabra que Dios le había dado.

En nuestro caso, apenas comenzamos la iglesia tuvimos que enfrentar una dificultad personal muy dolorosa, perdimos a nuestro tercer bebé. Por un lado la iglesia crecía y tomaba vida, mientras que en casa enfrentábamos el duelo de perder nuestro tercer hijo. En el mejor momento de nuestras vidas, luego de habernos mudado y comenzado a implementar la visión que habíamos esperado con tanta paciencia, tuvimos que aceptar que Dios recibiera a nuestro hijo. Yo oré con la misma fe que oro por los enfermos y ellos se sanan. Confié plenamente en el poder de Dios, pero Él decidió recibir a nuestro bebé en sus brazos. Yo podría haberme enojado, resentido o quién sabe qué más podría haber pasado. Pero si hay algo que tengo bien claro es que Dios es Dios, punto. Su voluntad es buena, agradable y perfecta. Eso no quiere decir que para nosotros fue fácil aceptarla, confiar y descansar en ella. Es claro que hacer su voluntad no es fácil ni garantiza nuestra comodidad.

Estas dificultades pueden sacudirte, pero tú decides si vas a confiar en Dios y en su voluntad o si vas a permitir que las dificultades te hagan dudar respecto a quién es Dios y a quién eres tú en Dios. Las pruebas son espejos que nos permiten ver el reflejo de nues-

> Tú decides si vas a confiar en Dios y en su voluntad o si vas a permitir que las dificultades te hagan dudar.

tro verdadero carácter e identidad. ¿Te atreves a mirar tu reflejo frente al espejo de la prueba sin dudar acerca de quién eres en Dios? ¿Sobre qué verdades vas a construir tu vida? Yo he escogido construir mi vida sobre quien no escatimó a su propio hijo sino que lo envió a la tierra a dar su vida por mí[25].

¡Yo estoy disponible!

Espero que tú y yo podamos decir siempre «*Yo quiero ser la mejor expresión posible de Dios en la tierra. ¡Así es como me quiero hacer disponible!*»

Estar disponible requiere estar rodeado de las personas correctas. Es maravilloso lo que Dios puede hacer a través de las relaciones y las amistades.

Estar disponible es un caminar con Dios que va a suceder con el día a día, no solo orando o leyendo el libro, sino haciéndote disponible a través de tomar pasos que te acerquen a otras personas que ya han descubierto a Dios, a otros que también están buscando caminar con Él.

En mi vida muchas veces miro a Dios a través de mis amigos, colaboradores y las personas con las que convivo. Es una forma en la que Dios me habla. A través de compartir un café con alguien, o a través del abrazo de alguna persona o de un simple saludo. Espero que puedas tomar acciones concretas en tu vida para poder acercarte a personas que ya están caminando con Dios y haciéndose disponibles.

---

[25] Romanos 8:32

Creo que he intentado vivir como Jesús vivió, amando y sirviendo a los demás a pesar de sus errores y quebrantos. Deseo estar disponible para mi esposa y mis hijos a través del perdón y la humildad. Estoy disponible, no tomando plataformas que no me pertenecen, reconociendo que le pertenecen a Dios, haciendo todo lo posible para compartir un Dios de amor que nos llama a ser humildes, amar realmente a la humildad y haciendo lo que Él me ha llamado a hacer.

Espero que dentro de este libro hayas escuchado mi corazón y que te haya animado a creer que Dios siempre ha estado cerca de ti y puede cambiar tu historia.

Resumen del capítulo 7:

Yo, ¿estoy disponible?

- Dios busca vasos dispuestos más que talentos. Hay muchas personas que se pierden de participar en los sueños de Dios porque piensan que necesitan ser talentosos, capaces y llenos de recursos, pero Dios, antes que nada, busca personas dispuestas.

- Todo lo que he logrado en mi vida ha sido porque decidí rendir mi disponibilidad a mi Creador. Todo nace del corazón, comienza en el momento en que dices: «Hágase tu voluntad».

- Hay mucha gente que está llena de talento, yo diría que el talento le brota por los poros, pero les falta disponibilidad y otras veces disciplina. *Dios promueve la disponibilidad.*

- Dios no tiene límites, no es un Dios limitador. Nosotros somos los que ponemos límites. Deja que Dios haga a través de tu vida lo que Él puede hacer con lo que tienes ahora en tu mano.

- Aquellos que nos rodean tienen el poder de influenciar nuestras vidas. Escoge diligentemente con quién te vas a juntar, a quiénes vas a escuchar y quiénes tendrán el poder de hablar a tu vida. Cuida tu círculo de influencia.

- Es fundamental que podamos reconocer a qué hemos sido llamados. Si Dios te habla, es mucho más seguro correr detrás de la voz de Dios, que correr en contra de lo que fuiste creado para hacer.

- Para mí no había un plan B. *Hacer la voluntad de Dios se convirtió en mi único plan.* Hoy mismo, comienza a caminar y a confiar en el sueño que Dios ha puesto en tu corazón.

- Sin resistencia, no hay crecimiento. La resistencia y la oposición son el gimnasio de entrenamiento que nos permitirá el desarrollo pleno de nuestra musculatura espiritual, sin la cual, no podríamos vencer los gigantes que tendremos por delante.

- Ignorar que estamos en guerra contra un enemigo que hace todo lo posible por detenernos es de necios. Así que, ajústate el cinturón y prepárate para pelear la buena batalla de la fe.

- Recuerda al apóstol Pablo. Su ministerio, ante los ojos de lo que el mundo consideraba y considera «éxito» no tenía nada de atractivo. Sin embargo, nada ni nadie lo movía, sus raíces estaban profundamente arraigadas en la palabra que Dios le había dado.

- Dios es Dios y punto. Su voluntad es buena, agradable y perfecta. Eso no quiere decir que para nosotros sea fácil aceptarla e implementarla. Tú decides si vas a confiar en Dios y en su voluntad, o si vas a permitir que las dificultades te hagan dudar respecto a quién es Dios y a quién tú eres en Él.

- ¡Yo estoy disponible! Espero que tu y yo podamos decir siempre *Yo quiero ser la mejor expresión posible de Dios en la tierra.* ¡Así es como me quiero hacer disponible!

Versículo clave:

«Lo más importante es que reconozcan a Dios como único rey, y que hagan lo que él les pide. Dios les dará a su tiempo todo lo que necesiten».

Mateo 6:33 TLA.

Reflexión personal:

- ¿Qué tienes en tu mano ahora que puedes poner a disposición de Dios?

- ¿Hay algún área de tu vida en la que todavía no has dicho: «Hágase tu voluntad»?

- ¿Qué puedes hacer esta semana para ofrecer tu disponibilidad a Dios?

- ¿Quiénes son las personas que formarán parte de tu círculo de influencia?

- ¿Te atreves a mirar tu reflejo frente al espejo de la prueba sin dudar de tu identidad en Dios?

Dios está disponible

Palabras de vida:

«Porque todo el que quiera salvar su vida, la perderá; y todo el que pierda su vida por causa de mí, la hallará».
Mateo 16:25 RVR 1960.

«Y sabemos que para los que aman a Dios, todas las cosas cooperan para bien, esto es, para los que son llamados conforme a su propósito». Romanos 8:28.

«Yo soy el Señor, Dios de toda la humanidad. ¿Hay algo imposible para mí?». Jeremías 32:27 NVI.

«Por lo tanto, pónganse todas las piezas de la armadura de Dios para poder resistir al enemigo en el tiempo del mal. Así, después de la batalla, todavía seguirán de pie, firmes». Efesios 6:13 NTV.

«Nosotros debemos hacer las obras del que me envió mientras es de día; la noche viene cuando nadie puede trabajar. Mientras estoy en el mundo, Yo soy la Luz del mundo». Juan 9:4-5 NBLA.

«Por tanto, si alguien se limpia de estas cosas, será un vaso para honra, santificado, útil para el Señor, preparado para toda buena obra». 2 Timoteo 2:21 NBLA.